Mein Weg zum wirklichen Ich

Kerstin F. Wolff

Mein Weg zum wirklichen Ich

Trans*gedanken in Trans*gedichten

Bibliografische Information der Deutschen Nationalbibliothek:
Die Deutsche Nationalbibliothek verzeichnet diese Publikation in der Deutschen Nationalbibliografie; detaillierte bibliografische Daten sind im Internet über http://dnb.dnb.de abrufbar.

für diese Zusammenstellung:
© 2016 by Kerstin Folke Wolff

Illustration der Titelseite nach einer Idee der Autorin
Umschlag-Layout : Hans-Jürgen Nolte

Kontakt: autorin.kerstin.f.wolff@t-online.de

Herstellung und Verlag: BoD – Books on Demand, Norderstedt

ISBN: 978-3-7412-7999-7

Gewidmet ist dieses Buch dem Menschen,

der mich so viele Jahre schon
erduldet
bestärkt
aufgefangen
erkämpft
getragen
begleitet
und -vor allem- niemals aufgegeben hat:

meiner so besonderen Partnerin und Ehefrau

Und auch ein Danke darf nicht fehlen ...

... an euch Mädels und Partnerinnen in der Hamburger Gruppe! Dafür, dass frau sich bei euch so sehr aufgehoben fühlen darf!

... an euch Mädels und Partnerinnen im 'projekt-en-femme'! Dafür, dass es euch gibt, für eure Anmerkungen und Kommentare zu meinen Texten, für eure Begleitung über die Zeit, eure 'Danke'!

... an Emylou für das einfühlsame Interview und ihre tolle Facharbeit!

1986

„ so " -
kann es nicht weitergehen
so -
mache ich mich doch kaputt

aber ein morgen ohne
„ so " - ?

1988

wie weit
wirst du mit mir gehen ?

wie weit
willst du mit mir gehen ?
wie weit
kannst du mit mir gehen ?

1988

da musst du durch
musst du dir sagen
muss ich mir sagen

und vielleicht ja:
da müssen wir durch
werden wir uns sagen

1988

vielleicht bin ich gar nicht so
- verrückt
vielleicht bin ich einfach nur
- mensch

1988

ich bin ...

was es heißt,
diese worte zu beichten !
diese worte zu sagen !

1989

in dieser zeit
bist du nicht da
kannst mir nicht helfen

in dieser zeit
- der angst

aber
wärst du hier
ich würde dir nur weh tun

und auch davor
habe ich angst:
dir weh zu tun

1989

jahrelang gesucht
- nach der frau
hunderte gedichte geschrieben
- für diese frau

angst, dass ICH
- diese frau
gewesen sein könnte

1989

haare, haare, haare

im gesicht
unter den armen
an den armen
an den beinen
überall am körper

wenn sie es bloß nicht
bemerken würden -
ich würde so gerne rasieren !

1989

im fenster

das lampenlicht spiegelt mich
vor der dunklen nacht
im fenster:

meine brüste
sie sehen so gut aus
sie sehen so richtig aus

ach, wenn sie doch nur
echt wären -

1990

als trost
versuche ich mir zu sagen
dass ich
nicht der einzige bin
dass es
auch so viele andere gibt

1990

whisky & wein
stift & papier

als einzige helfer

gegen den übervollen kopf
gegen diese sehnsüchte

1990

nicht viel, spürst du
- fehlt
dann wären übermächtig
die tränen: deine tränen

so tief die sehnsucht
nach diesen tränen
nach etwas
das diese last von dir nimmt

1990

    &   wieder
kann die musik nicht laut genug sein
    &   wieder
brennen die augen vom make-up
    &   wieder
bin ich nicht in mir zu hause

1992

fröhlich,
ausgelassen
pfeift sie -

als ob sie nicht wissen müsste,
dass nur ein paar meter weiter
frau gegen mann
kämpft

1992

was wäre, wenn der tod käme,
ganz plötzlich -
wenn dieses leben endete,
ganz einfach so - ?

wäre ich
- ich -
oder
wäre ich
- so wenig ich -
gewesen - ?

1992

wirst du

- wie phoenix aus seiner asche -

aus einem
trümmerhaufen
auferstehen

als frau ?

1992

meine freunde
- liebe freunde
- treue freunde

nicht geschrieben
nicht angerufen
habe ich euch so lange schon

doch

vielleicht habe ich
einfach nur angst
vor euren fragen:
"wie geht es dir ?"

1992

vor die welt treten
- erhobenen hauptes -
und sagen:

ICH
MEIN ICH

aber wer kann das schon -

1992

wohin ?
führt dieser weg
- dich
- mich

wohin ?
diese sehnsucht -

1992

scham
erfüllt dieses ich

das
sich gegen solche
wünsche und sehnsüchte
nicht wehren kann

das
vor deinen
ängstlichen fragen
fast stirbt

1992

ich habe
so große last
so große schuld auf mich geladen

dir so sehr weh getan !

vielleicht wird nur hass
deine wunden heilen können ?

1992

mehr als 34 jahre
habe ich
ihr für mich gedachtes leben gelebt
habe ich
versucht, ihnen nicht wehzutun
habe ich
gelebt nach dem,
was sie sagen könnten
…..

mehr als 34 jahre
…

1992

ein halbes leben
als mann
nach außen hin
alle mühe gegeben

wäre es jetzt nicht fair
mir die zweite hälfte
als frau zu schenken ?

1993

noch nicht schlafen gehen
- wollen
gegen die müdigkeit ankämpfen
- müssen

ein wenig noch :
musik
ein wenig noch :
rote nägel, make-up und rock
ein wenig noch :
ich

1993

und wenn schon nicht mit
– Leib und Seele --
dann doch wenigstens mit
seele
- frau

1993

und dann endlich
wischen die öltücher die
lächerlichkeit
absurdität
erbärmlichkeit aus dem gesicht

doch aus deinem
herzen, deinem
verzweifelten herzen
wischen sie nichts !

1994

bedrohlich
lauernd

hinter schranktüren und
in schubladen versteckt

heimliche sehnsucht

verstecktes ich ?

1996

verrücktes ich

verrücktes ich
in diesem körper
in diesem kopf

verrückter haß
&
verrückte liebe
in diesem körper
in diesem kopf

verrücktes ich
in mir

1996

oft genug
hätte ich einen
anderen weg nehmen können
hätte ich den
anderen weg wählen können

doch ich habe es nicht
- vielleicht aus angst -
- vielleicht aus einsicht -

- vielleicht auch, um dich nicht zu verlieren -

1996

triumpf ! ?

ihr habt nicht
meine verstecke
- entdeckt -
meine geheimnisse
- enthüllt -
meine heimlichkeiten
- durchschaut -

und ihr habt nicht
meine hilferufe
- gehört -

1996

sie fallen mir wieder ein
die längst vergangenen dinge
für die ich mich heute noch schäme
die ich am liebsten ungeschehen machen würde

und doch:

in der gleichen situation -
vor der gleichen wahl -

ich würde wohl wieder so handeln
wie ich es schon einmal tat
so oft schon tat

1996

aufs äußerste distanziert
betrachtete er sein gegenüber,
sah ihm tief in die augen -

nur für einen kurzen moment,
wirklich nur für einen kurzen moment,
hatte er daran gedacht,
diesen spiegel zu zertrümmern -

1996

maskara-tränen
rinnen schwarz
rinnen tief
- in hilflose seelen

maskara-tränen
rinnen schwarz und voller
- sehnsucht

1997

in den tiefen dieser seele
verletzlichkeit und scham
gesehen

in den tiefen dieser seele
trauer und angst
gefühlt

in den tiefen dieser seele
mich
entdeckt

1997

meine mutter,
meine großmütter,

was hätten sie gegeben,
damals

für
diese strümpfe -
diese wäsche -
diese schuhe -

die jetzt ich trage ?

1997

<u>einfach so</u>

während sie langsam,
aber doch geübt und durchaus geschickt
die dicht an dicht sitzenden knöpfe ihrer bluse
durch die dafür vorgesehenen löcher manövrierte,
füllte plötzlich etwas ihren kopf

dieses etwas war plötzlich überall
in
seinem körper & seinem kopf & seinen gedanken
:
diese unendliche scham

1998

verliebt
verliebt-verliebt-verliebt
so sehr verliebt

abgöttisch und
aus tiefstem herzen

in dieses spiegelbild

1998

so mancher kann
gnade erwarten
kann auf die vergebung
seiner schuld hoffen

aber männer die
rote lippen, maskara und make-up
tragen

- sie können keine gnade erwarten !!!

1998

tunte

natürlich !

der bart lässt sich nicht
unter dem make-up verstecken
und
die lippen sind viel zu rot

der schmuck ist zu pompös
für das alter der ausschnitt zu tief
und
für die beine der rock zu kurz

aber glaubt mir:
hinter all diesen fehlgriffen
liegt doch tief verborgen
diese verletzliche seele
noch immer nur
auf der suche nach sich selbst

1998

nein,
ich glaube,
manchmal sieht sie
die roten nägel - die strümpfe - den rock
gar nicht mehr

ja,
ich glaube,
manchmal sieht sie
nur
diesen menschen vor ihr

1999

du
findest und erfindest

ausreden und entschuldigungen
und sie klingen
so
richtig & gut
so logisch & so wahr

und doch weisst du ganz genau

es ist alles gar nicht wahr
es sind alles nur
ausreden und entschuldigungen

1999

von
spiegel zu spiegel
die
schönheit zu betrachten

von
spiegel zu spiegel
am
leben vorbei
?

1999

was ???

diesen körper -
dieses ich -

einfach annehmen ?
einfach akzeptieren ?

wohl vielleicht auch gar noch

- lieben ???

1999

deine zuneigung
dein vertrauen
deine liebe

wie oft habe ich sie schon
- strapaziert - belastet -
- in versuchung geführt -

und doch
hast du dich von mir
nicht aus der ruhe bringen lassen
- nicht wirklich aus der ruhe bringen lassen -

1999

was denkt der jetzt gerade ?
was denkt der über mich ?

ach,
ich gäbe meinen letztes geld
ich gäbe dieses und jenes
ach,
nur um es zu erfahren !

doch,
wenn ich es recht überlege,
will ich es denn wirklich wissen ?

ach,
eigentlich -
- leck' mich doch am arsch !

2000

du bist nicht hier

die wunden des tages
so tief geschlagen
in dieses ich

die haut -
- zerfetzt
das fleisch -
- blutend
das herz -
- gebrochen

doch:
du bist nicht hier
die schmerzen zu lindern
die wunden zu kühlen

einzig bleibt
diesem geschundenen ich
- die wunden mir selber zu lecken -

2000

versprechen
gelübde
schwüre

dir
gegeben
- hoch und heilig -

&
dann
- doch gebrochen - nicht gehalten -

aber wie sollte ich es denn auch können
- meine seele leugnen -
???

2000

den kampf verloren !
warum auch immer,
ich weiß es nicht

vielleicht hatte ich auch nur
ganz einfach keine chance
gegen diese übermächtigen:

bilder und gedanken -
sehnsüchte und wünsche -
ahnungen -

- in meinem kopf
- in meinem herzen
- in meinem ich

2000

bange frage am morgen in den spiegel

kleine augen
müder blick
stoppelbart
falten um die augen

bin das da etwa
- ich ?

ist das da etwa
- **Kerstin ?**

2000

die männlichkeit betören
mit
maskara
lippenstift
rot lackierten nägeln

die männlichkeit verführen
mit
sanft bebenden brüsten

die männlichkeit versuchen
&
sei es die eigene

2000

es steckt in dir

so tief
so verwurzelt

so bedrohlich

so gewiss

2001

bisher noch immer
hast du mich begleitet

bisher auch so oft
hast du mich getragen
- auf meinen reisen
- auf meiner suche

&
bisher immer wieder
habe ich mich aufs neue
in dich verliebt

2001

wenn
ich
könnte
wie
ich
wollte -
wenn ich könnte wie ich fühlte !

aber
könnte ich denn nicht
eigentlich doch wie ich
wollte ?
fühlte -

2001

nur ganz wenige werden wirklich verstehen

drangsalieren
schikanieren
quälen

wollen?
müssen!

diesen körper
dieses ich

2001

schlimm ist es
wenn frauen
altern

nicht ganz so schlimm ist es
wenn männer
altern

furchtbar für manche männer ist es
zu altern
ohne
- zumindest ein wenig -
frau gewesen zu sein

2002

zu weit -
- ist der weg
zu schwer -
- ist die last

für mich
für dieses ich

wo bist du ?
- so hilf mir doch -
wo bist du ?
- so hilf mir doch -

- so hilf mir doch !!!

2003

nachts
wenn die welt schläft
- schlafen sollte -

da irren die rastlosen umher

&
sie suchen, doch
werden sie jemals finden
?

2007

ist er feind
oder
ist er freund

musst du ihn hassen
wirst du ihn hassen
oder
kannst du ihn lieben
darfst du ihn lieben

deinen körper
mit
diesem 'ich'
?

2010

sehnsüchtiger blick
<u>aus dem fenster in die nacht</u>

sie alle
sind schon schlafen gegangen

sie alle
haben ihren frieden geschlossen
mit dem tag

sie alle
haben ihren frieden gefunden
für die nacht

2011

und wer meint,
seine stimme gegen uns erheben
mit seinem finger auf uns zeigen
zu wollen – zu müssen

der sollte erst suchen
ganz tief unten
in den schränken
&
in den seelen

der eigenen -
- freunde ...
- kinder ...
- partner ...

2011

<u>mädels!</u>

wartet nicht -
zögert nicht -

- gönnt sie euch,
die süßen bhs
- holt sie euch,
die sinnlichen strümpfe
- genießt sie einfach,
die blusen - röcke – schuhe

bevor
wir alt und schrunzelig werden!

2011

säuberlich
ordnest du die bekleidung
beim weglegen in den schrank

und du denkst – und du weißt:

schade,
dass es schon wieder vorbei ist
schön,
dass ich das aber doch
so leben durfte

2011

wir seelenverwandte ...

... wiegen uns in sicherheit, doch:
habt acht !
seid vorsichtig !

denn:
auch wenn sie selber es noch gar nicht wissen,
lauschen viele ohren
sind spione unter uns
lauern häscher überall

und wenn dann da nur einer kommt,
der sie braucht
der sie ruft
der sie benutzt

- diese armen seelen -
- diese kleinen hirne -

dann
gnade uns gott

2011

natürlich
könnte ich mich entscheiden

natürlich
könnte ich mich gegen mein ich entscheiden

natürlich
habe ich die wahl

die wahl
zwischen
ich und untergang

2011

nicht vor die wahl
solltest du mich stellen

- ahne ich -

nicht vor die wahl
sie oder ich

denn:
ich
bin
sie

2011

so tief sitzt diese angst
so tief sitzen diese zweifel

vor dem
fremden
vor dem
'das-darf-nicht-sein'

&
dabei
ist doch einfach nur
so unendlich viel sehnsucht
so unendlich viel liebe

in meinem ich
<u>- für dieses ich -</u>

2011

zur abwechslung
diesen körper & dieses leben
vielleicht einfach einmal akzeptieren

diesen körper & dieses leben
nicht immer nur quälen und traktieren

vielleicht
einfach einmal lieben
diesen körper
- ich habe ja nur den einen -
& vielleicht auch
einfach einmal lieben
dieses leben
- ich habe ja nur das eine -

2011

nein
das habe ich nicht gewollt
nein
das war nicht mein traum für uns

und doch ...

ja
ich liebe dich
ja
mir tut deine nähe so gut
ja
ich will dich nicht verlieren

2011

auf weitem freien feld
steht dieses ich

- schutzlos -

wenn
blitze zucken
wenn
donner grollen
wenn
die welt unterzugehen scheint

wenn
du wieder einmal böse auf mich
- oder etwa hilflos ? -
bist

2011

ich

wollte
müsste
könnte
sollte

dieses und jenes
hier und dort

und ganz unversehens
ist der tag vorbei
das jahr und wohl auch mein leben

2011

hinter meinem lächeln
für dich
hinter meiner umarmung
für dich
&
hinter meiner liebe für dich

brennt
eine seele - eine welt

brennt ein ich
!
verbrennt ein ich
?

2011

meine augen lachen
sie lachen & strahlen dich an

aber versteckt
ganz tief versteckt
in mir

weinen
rotz & wasser
herz & seele

2011

nein, nein, nein !

ich möchte das alles eigentlich gar nicht!

kann Kerstin mich nicht einfach
in ruhe lassen?

kann Kerstin nicht einfach
aus meinem leben verschwinden?

aber -
wäre ich dann wirklich noch ich . . .

2011

shopping in der damenabteilung

nicht
gezögert oder geklagt
hat sie
einfach nur
gegönnt
hat sie

diesen rausch
dieses ungekannte glück

-mir-

2011

vertrieben
die hilflosigkeit

vertrieben
die erwägung
vertrieben
die gedanken

an die flucht
vor diesem ich aus diesem ich

durch deine kraft
durch dein ja zu mir

2011

<u>wenn die onkel wie die nichten</u>

wenn die onkel wie die nichten
die gleichen schuhe tragen
den gleichen lippenstift tragen

wenn die onkel wie die nichten
sich aufbrezeln zum abend

so suchen sie doch nicht
diesen einen kerl
- nein -
dann suchen sie nur
- ihren frieden für sich ganz allein -

2011

<u>warum eigentlich nicht ?</u>

sie sagt
nicht, dass ich lächerlich aussehe
nicht, dass ich verrückt bin

sie sagt nicht
- geh
sie sagt nicht
- verschwinde aus meinem leben

2011

<u>woanders</u>

woanders
wären wir wohl
eingeschüchtert
ausgegrenzt

woanders
wären wir wohl
eingesperrt
gefoltert

&
ganz woanders wohl sogar vielleicht
tot gemacht

2011

wenn SHARIA, dann . . .

tja,

das
wäre
es
dann
ja
wohl
für
uns

- gewesen -

2011

du fragst mich warum
manche männer manchmal weinen -
du fragst mich warum
manche männer manchmal so sehr traurig sind -

aber -

kannst du es denn nicht nachfühlen
- wie es ist
wenn fingernägel brechen ?
- wie es ist
wenn laufmaschen strümpfe ruinieren ?

2011

die frage ist nicht
&
es geht auch nicht darum

brauche ich
diesen bh
diesen rock
diesen lippenstift

nein, denn
es geht ums nackte überleben
ja,
es geht um leben & tod

2011

heiligabend

das scheit holz im ofen flackert gelb und rot und verschenkt seine
wärme, es wärmt den raum und wohl auch ein wenig unser herz.
der weihnachtsbaum steht seelenruhig in seinem dunklen grün und
lässt uns ein wenig abstand gewinnen vom trubel des tages und der
letzten wochen.
der festliche schmuck des baumes lädt unsere augen zu tagträume-
reien ein, die lichter leuchten heimelig und funkeln ein wenig bei je-
dem luftzug.

und wenn dann unser blick unter den baum wandert, die sorgfältig
verpackten geschenke unsere fantasie auf eine schwärmerische rei-
se schicken -
- ja, dann träumen wir von einem verheißungsvollen flakon, von ver-
führerisch seidiger wäsche, vielleicht auch von einem glitzernden
anhänger oder einem wunderschönen ring -
- ja, dann wird unsere sehnsucht zu einem tiefen wunsch.

doch, obwohl weihnachten ist, es wäre wohl zu schön, zu schön um
wahr zu werden.
und so werden wir wohl wieder mit einem schlafanzug oder einer
krawatte beschenkt ...

2011

als ich sagte
'meine geschundene seele'

hast du
gelacht
mich ausgelacht
mich angelacht

&
ich frage und wundere mich wieder einmal
:
bist du wirklich so stark
so unendlich stark
?

2011

keine idee
keinen masterplan
keine vision

für dieses leben
für dieses ich

für dieses leben
für diese ichs

keinen masterplan
nur halt diese
- wünsche - sehnsüchte - bedürfnisse -

2011

zwischen realität und fiktion

die scham überwinden
&
im rock und mit make-up
als frau
der eigenen frau gegenübertreten
&
um liebe bitten

die scham überwinden
&
im rock und mit make-up
als frau
der ganzen welt gegenüberstehen
&
um liebe betteln

einfach die scham überwinden
&
sagen & zeigen
- das bin doch nur: ICH -

2011

kein mitleid
kein irgendwas
und auch
keinen bonus

will ich bekommen von euch

nein,
einfach nehmt mich doch nur

wie-was-wer
ich einfach bin
ich wirklich bin

2011

ja !!!

onkel,
würdest du röcke lieben wollen
- an dir -
ich denke nicht !
doch würde ich ? -

vater,
würdest du rote nägel und lippen lieben wollen
- an dir -
ich denke nicht !
doch würde ich ? -

bruder,
würdest du brüste lieben wollen
- eigene brüste -
ich denke nicht !
doch würde ich ? -

2011

ritterin von der traurigen gestalt

die ich bin
zumindest jedenfalls manchmal

wollte einmal
die welt verbessern
die menschheit retten
ja, das wollte ich wohl

doch nun nur halt noch irgendwie
selber überleben
wollen

2011

<u>--- sie müssen es doch bemerkt haben ---</u>

manchmal schon
habe ich mich gefragt

was wohl gewesen wäre

wenn
meine oma nur gefragt hätte
meine mutter nur gefragt hätte
meine schwestern nur gefragt hätten

gefragt und nicht darüber hinweggesehen
hätten

ja, wenn sie
hätten

„dangly earings"

... was für eine verheißung ...

'ohrlöcher'

& dann
... jeden tag & jede minute ...
- für immer & für ewig -
'ohrhänger'
'creolen'
'ohrstecker'
- für immer & für ewig -

„dangly earings"
... was für eine sehnsucht ...

2011

&
manchmal
- einfach so -

füllt sich mein kopf mit traurigkeit
wird das herz mir schwer

&
manchmal
- einfach so -

füllt sich mein kopf mit traurigkeit
wird das leben mir schwer

2011

warum
sollte denn ausgerechnet
ich
so viel kraft
& demut
& zuversicht
& glauben
haben

dieses ich
zu ertragen
dieses ich
ein leben lang
?

warum denn ausgerechnet
ich
?

fragen und antworten

- seien wir ehrlich zu uns -

willst du wirklich
diese fragen fragen
willst du wirklich
eine antwort hören
&
will ich wirklich
deine fragen hören
will ich wirklich
eine antwort geben
?

2011

liebesgedicht für dich

vor 30 jahren
vor 20 jahren
vor 10 jahren
...

so manche
option ließ ich verstreichen
&
so manche
möglichkeit nutzte ich nicht

einfach bin ich wohl bei dir geblieben
bei deiner zuneigung und zuversicht geblieben
über die vielen jahre
einfach bei dir geblieben

2011

wenn es überhaupt jemals
diesen mann als mann
wirklich gegeben haben sollte

so ist das lange schon her
denn
so glatt die achseln und beine
denn
so rot die nägel
denn
so durcheinander die gedanken im kopf
schon so lange
so unendlich lange schon

2011

bange frage

werde ich genug kraft haben

ja, werde ich
genug kraft haben

um leben zu können
um überleben zu können

?

2011

die pfeife stopfen
den tabak entzünden

aber vielleicht doch eigentlich nur
- wieder einmal-
auf diese weise
- ein wenig hilflos -

wohl einfach
der welt & mir
den mann beweisen wollen

2011

zu viele geheimnisse bewahrt
zu viele stunden der angst durchlebt

. . .

zu viele tode gestorben

. . .

als jetzt sagen zu wollen und können
- das ist nicht wahr -
als jetzt behaupten zu wollen und können
- das ist nicht mein ich -

die wundersame geschichte, wie ich Herrn Deichmann reich machte

ich wollte sie haben,
die
- pumps - peep-toes - stiefel – sandaletten -
- booties - ballerinas – high-heels -

ich musste sie haben,
die
- pumps - peep-toes - stiefel – sandaletten -
- booties - ballerinas – high-heels -

&
ich kaufte sie,
die
- pumps - peep-toes - stiefel – sandaletten -
- booties - ballerinas – high-heels -

2012

<u>den krieg erklärt</u>

diesem körper
meinem körper

den krieg erklärt
- mir -
vor so langer zeit schon

doch nun
- endlich -
nach so vielen jahren
frieden schließen wollen
mühsam frieden suchen
mit diesem körper
mit meinem ich

2012

Kerstin
sitzt vor dem Laptop
&
tippt
über ihr leben
tippt
über liebe für sich
über hass gegen sich

Kerstin
tippt
über wünsche & träume
tippt
über was ist & was hätte sein können

& Kerstin tippt
& tippt
& tippt
& tippt
& tippt
& tippt
& tippt
& tippt

2012

<u>lebenslänglich</u>

haben wir bekommen
hat man uns aufgebrummt

&
keine aussicht
- auf revision -
- auf gnade -

höchstens
vielleicht
könnten wir uns selber
- vorzeitig entlassen -

2012

gartenfee, die du bist

magst mich vielleicht
ein wenig hegen
magst mich vielleicht
ein wenig pflegen

&
dann, ja dann,
könnte ich unter deinen schützenden händen
sogar
gedeihen & erblühen

2012

den schrank öffnen
die bekleidung auswählen
...
die schublade öffnen
den schmuck auswählen
...
den spiegelschrank öffnen
das make-up auswählen
...
- wie jeden tag -

die tür öffnen & nach draußen treten
...
- wie noch nie

2012

wir alle sind Trans*:

Alfred & Andreas & Armin & Alfons & Artur & Alfons & Anton
Bernd & Bennie & Brian & Bastian & Balthasar & Bert & Björn
Christian & Claus & Carl & Carsten & Curt & Christoph & Cedric
Dieter & Daniel & David & Dennis & Dietmar & Dirk & Dietrich
Eckehard & Eduard & Ernst & Egbert & Erwin & Erich & Erik
Frank & Fabian & Franz & Friedrich & Falk & Finn & Felix & Florian
Gerhardt & Günther & Gerald & Gerd & Gerrit & Gunther
Harald & Horst & Hans & Hubertus & Hans & Helmut & Heinrich
Ingo & Ingraban & Ich & Ich & Ivo & Ian & Immanuel & Isaak
Jens & Joachim & Jörg & Johann & Jeremias & Jonas & Jan & Jörn
Klemens & Klaus & Knut & Konrad & Karl & Kurt & Kai & Kerstin
Lutz & Lionel & Lothar & Linus & Lars & Leo & Lorenz & Ludger
Michael & Magnus & Martin & Max & Marcel & Markus & Manfred
Norbert & Nikolas & Nils & Nino & Norman & Nicolai & Nathaniel
Oswald & Ortwin & Olaf & Otto & Ottfried & Oliver & Otmar
Paul & Patrick & Peter & Philipp & Pascal & Percy & Paolo & Peer
Quirin & Quentin & Quintus & Quinn & Quasimodo & Quirinus
Reinhard & Richard & Rudolf & Ronnie & Rainer & Rolf & Rüdiger
Stefan & Sigmund & Sebastian & Siegfried & Sönke & Steffen
Tobias & Thomas & Timm & Thorsten & Thorben & Thilo & Theo
Ulli & Ulf & Ulrich & Udo & Uwe & Urs & Umberto & Urban
Vinzenz & Volkmar & Volker & Veit & Valentin & Viktor & Volkhard
Walter & Wolfgang & Waldemar & Winfried & Werner & Wolfram
Xaver & Xander & Xaverius & Xavier & Xerxes & Xenos
Yeremias & Yamil & Yan & Yannick & Yannis & York & Yul & Yves
Zacharias & Zachary & Zelig & Zenobio & Zeus & Zorro

2012

im friedwald

ein wenig ...
... ratlos
stehen sie vor diesem baum
ein wenig ...
... hilflos – sprachlos
stehen sie vor diesem baum

und sie meinen in ihrer traurigkeit
... ach,
hätte er es uns doch nur gesagt
... ach,
wir hätten doch auch sie geliebt

2012

<u>wer ?</u>

kauft sich ständig pumps
malt sich die lippen rot
zupft sich die haare
?

wer
sieht sooo gerne in den spiegel
?

- frau,
ja,
frau tut das wohl

2012

vatertag

vater wird belohnt

mit einer wanderung mit freunden
&
mit einer kiste bier im bollerwagen

oder
manchmal sogar auch
mit einem ganzen tag als
- frau !!!

2012

im stich gelassen
diese arme kleine seele

allein gelassen mit
dem
unfassbaren

diese arme kleine seele

- im stich gelassen -

damals
&
so unendlich viele jahre nun schon

2012

nichts ist gut

wenn ich durch die fußgängerzone schlendere
wenn ich die schaufenster durchstöbere
wenn ich durch das nicht ich treibe

- nichts ist gut

doch

alles ist gut -

wenn der abend kommt
wenn die tür verschlossen ist

ja, glaube ich,
dann ist (fast) ist alles gut

2012

Kerstins bange frage

sie lieben
ihren sohn
ihren bruder
ihren onkel
ihren neffen
ihren cousin

doch ...

liebten sie auch
ihre tochter
ihre schwester
ihre tante
ihre nichte
ihre cousine

& ...
liebte sie auch ihre frau

???

2012

ja, das tuen wir !

da kommen sie
da gehen sie
da sitzen sie
- die erwachsenen männer -

in ihren blüschen
in ihren röckchen
in ihren schühchen
- nägel rot & lippen rot -

&
sie fühlen sich gut
so unendlich gut
- & sei es auch nur für einige kleine momente -

2012

<u>mehr ! … mehr ! … mehr !</u>

wieder einmal
ganz plötzlich

ein floh im ohr
&
flausen im kopf

die zu
sehnsucht & verlangen
werden

… mehr ! … mehr ! … mehr !
… mehr … ich … !

2012

sie versteht
meine sehnsucht nicht ...

... wie sollte sie denn auch
- können

sie versteht
meine sehnsucht nicht ...

... wie sollte sie denn auch
- wollen

2012

<u>mahnung an mich</u>

nicht müde werden
bloß
nicht müde werden

im kampf gegen
diese männlichkeit
&
im kampf gegen
die angst im kopf
vor ihren blicken
die furcht im herzen
vor ihren bemerkungen

bloß nicht müde werden
im kampf

für und um
- mein ich -

2012

<u>so tief drinnen</u>

eingepflanzt
einprogrammiert
eingebrannt
&
so sehr verinnerlicht

ihr
- das ist nicht gut -
- das darfst du nicht -
- das darf nicht sein -

so tief eingepflanzt:
- die angst -

die angst vor meinem glück

2012

in den spiegel schauen
in ein gesicht sehen
in augen blicken
in eine seele eintauchen

in meine seele
eintauchen & wortlos fragend

die antwort
ahnend & vielleicht sogar
wissend

die antwort
fürchtend & gleichzeitig
ersehnend

2012

regenmacher / -in

ich
der-die-das-jenige
das verantwortlich zeichnet

für die dunklen wolken
für den regen
für die gewitter

ich
der-die-das-jenige
das ich geworden wurde

könnte ich denn nicht auch
die sonne erstrahlen lassen
einfach nur
die sonne erstrahlen lassen
? ? ?

2012

diese frau -- dieses ich

hungrig & gierig

lauernd in meinem körper

... lauernd in meinem kopf ...
... lauernd in meinen gedanken ...
sprungbereit, mich zu überwältigen

... sprungbereit ...

lauernd in mir

2012

zu kurz
die nägel
die haare

zu kurz
die abende
die nächte

zu kurz
dieses leben

zu kurz
viel zu kurz
für dieses sehnsüchtige

... ich ...

2012

die ruhe selbst
so scheine ich

nach außen
für die welt

& doch
weiß ich selber nicht
ob im nächsten moment
ich wohl vielleicht

explodieren
oder
implodieren
werde

2012

meiner mutter zum 86ten geburtstag

ich könnte . . .

mich sorgfältig rasieren
mir dezent die nägel lackieren
die so schön glänzende strumpfhose wählen

ich könnte dir zum geburtstag gratulieren
als deine trans*-tochter

. . . ich könnte -

2012

<u>wir,
transgender, die wir sind ...</u>

so unterschiedlich
so ähnlich

so am anfang
so weit schon

so wenig weiblich
so etwas mehr weiblich

so verzweifelt
so zufrieden

so wir ...

2012

blöd ist blöd, ...

sie
lächeln
grinsen
reden
&
sie erheben sich
über mich
über uns

doch ...
sie verstehen
mich nicht
sie verstehen
uns nicht

nein,
sie verstehen aber auch rein gar nichts

2012

nicht für die welt
nicht für irgendwen

nein
einfach nur für mich

ein wenig ... schön sein
&
ein wenig ... gut fühlen

ja, einfach so, ein wenig
- unendlich gut fühlen -

2012

sie kann mich
sehen
riechen
sie kann mich
anfassen & berühren

aber
sie kann nicht wirklich glauben
&
schon gar nicht
kann sie wirklich verstehen

was das ich ist, das ich bin

2012

die & dieses

die hemden im schrank
die mein ich nicht wirklich wollte

die pullover im fach
die mein ich nicht wirklich wollte

die schuhe im keller
die mein ich nicht wirklich wollte

. . .

dieses leben
das mein ich nicht wirklich wollte

. . .

2012

so oft in meinem leben
lebe ich diese frau

so immer in meinem leben
lebt mich diese frau

diese frau . . .
. . . in mir

2012

geliebtes kariertes maiglöckchen

manchmal
fühlt es sich an
als könnte ich dir alles von mir erzählen
- ohne dass du mir zerbrichst -

doch so oft
fühlt es sich an
als zerbrichst du mir schon jetzt
- ohne dass ich dir noch mehr von mir erzähle -

wenn Kerstin & ich shoppen gehen

dann will ich
- kein neues hemd - keinen neuen pullover –
- keine neue krawatte – kein paar neue schuhe -
das alles auf gar keinen fall
- denn ich will nicht traurig sein -

aber Kerstin will
- blusen – röcke – kleider – bhs – pumps -
will stöbern & schwelgen & kaufen & haben
- ja, Kerstin will einfach glücklich sein -

2012

<u>und manchmal wundere ich mich doch ziemlich</u>

wie ich

bei der schmach
bei der scham
bei den niederlagen
bei den erniedrigungen

in meinem leben

überhaupt noch am leben bin

ja, da wundere ich mich doch wirklich sehr . . .

2012

der schlüssel

zu meinem
... glück
&
vielleicht auch zu meinem
... leben

dieser schlüssel liegt
- tief -
- unendlich tief -

ja, er liegt wohl
'einfach nur'
in meinem innern verborgen

2012

kleine jungen

berühren & fassen an . . .

. . . diese fremden hemdchen
. . . diese fremden höschen
. . . diese fremden kleidchen

- berühren & anfassen -
. . . so sehnsüchtig . . .
. . . so unendlich sehnsüchtig . . .
- berühren & anfassen & anziehen -

ja,
schon kleine jungen
- besiegen ihre angst -
&
- sterben doch gleichzeitig auch viele grausame tode -

hilflose jungen

von
den eltern – den geschwistern
von aller welt

spüren & hören sie,
das ist nicht gut

spüren & hören sie,
das ist böse

spüren & hören sie,
das darfst du nicht

doch
hilflose jungen
spüren diese übermächtige sehnsucht
tief in ihrem ich

2012

& wieder einmal eine bange frage

würde ich kämpfen,
kämpfen um dich ?

doch wenn ich auch wollte:

wie sollte ich denn kämpfen,
kämpfen um dich ?

2012

<u>über mich ? ... über mich !</u>

was gestern richtig
ist heute falsch

was gestern undenkbar
ist heute ich

2012

hochzeitsfeier

als gast geladen
&
so gern gesehen
so sehr geschätzt

aber ich
bin nicht fair
- oder doch nur wie jede andere frau -
denn ich konkurriere insgeheim:

- meine schuhe so viel schöner -
- meine ohrhänger so viel hübscher -
- mein kleid so viel sexier -

aber ich
bin halt nur gast & bin nicht gästin

2012

nichts zwickt
nichts kneift

außer - vielleicht ...
... dieses leben

alles ist gut
alles fühlt sich richtig an

ja, vielleicht ...
... dieses leben

2012

<u>- so sehr ich es auch wünsche -</u>

manchen wunsch . . .

. . . kann ich
in deinen augen lesen

. . . kann ich
in deinen gedanken lesen

manchen wunsch . . .

. . . kann ich
dir wohl doch nicht erfüllen

2012

ich bin jung
ach, was bin ich jung

ich bin schön
ach, was bin ich schön

ich bin so männlich
ach, wie so sehr männlich

gewesen -
- vielleicht irgendwann einmal

2012

<u>körbchengröße</u>

wer **A** sagt,
muss auch **B** sagen

ach ja,
so sehr gerne würde ich

2012

rundgang im garten

der herbst hält einzug
es ist nicht zu übersehen
man kann es spüren und atmen

doch noch trotzen einige pflanzen der zeit
&
einige wenige knospen werden vielleicht auch noch erblühen

und ich
- zarte knospe Kerstin -

werde auch ich denn noch
erblühen
bevor der endlose winter
mich umgibt
?

ja, wollen !!!

sie würden
reden über mich
& ich würde es nicht hören

sie würden
mit dem finger zeigen auf mich
& ich würde es nicht sehen

sie würden
lachen über mich
& ich würde es nicht achten

wollen

2012

<u>vater und der weihnachtsmann</u>

vater stand vor dem spiegel, wieder einmal.
er hatte alle lampen im schlafzimmer eingeschaltet, so dass er fast ein wenig gnadenlos grell beleuchtet vor dem spiegel stand.
natürlich stand er dort nicht zum ersten mal, natürlich hatte er dort schon so oft versucht, sein innerstes in diesem spiegel zu entdecken. und er fragte sich, ob es ihm denn jemals wirklich gelungen war, eine ehrliche antwort auf die vielen fragen in seinen gedanken zu finden -

aber heute war das selbstverständlich ganz anders. heute steckte er in diesem kostüm, hatte sich einen bauch zusammengestopft, hatte rauschebart, mütze und noch so einiges weiteres zubehör aus der verstaubten kiste auf dem dachboden gekramt, hatte sich ein wenig murrend den weihnachtlichen zwängen gebeugt.

und während er in dem spiegel diese für seinen erwachsenen verstand so kläglich lächerliche figur betrachtete, der zur vervollständigung nur noch die hohen stiefel fehlten, da war es ihm, als wenn sich die tür bewegte. er konnte die tür weder direkt sehen, noch war sie im spiegel für ihn sichtbar. und doch spürte er dort etwas, vielleicht war es wohl mehr ein gefühl, ein ahnen, das ihn erschaudern ließ.
ruckartig fuhr sein körper in richtung dieser tür, millisekunden zuvor drehte sich sein kopf, bereit, in entsetzen zu erstarren.
doch nein, nein, es war nichts zu sehen. zwar stand die tür des schlafzimmers einen kleinen spalt geöffnet, doch nichts rührte

sich, alles war still im flur vor der tür, im ganzen haus. und ganz langsam mochte nun auch sein herz wieder einen normalen rhythmus finden, und ganz langsam verlangsamte sich sein pulsschlag, und auch das herz schlug nicht mehr bis zum hals.

nicht mehr lange dauerte es nun, und er musste sich, die stiefel als letztes accessoire angezogen, einmal wieder dieser, zumindest für ihn, schwierigen aufgabe stellen:
weihnachtsmann für die kinder sein.

aus dem zimmer treten, die treppe hinunterstiefeln, den sack mit den kleineren und größeren paketen balancieren, grob an die tür klopfen, mit gesellt besonders tiefer stimme das ruten- und zuckerbrot-sprüche-repertoire abspulen ...

ein wenig schämte er sich, dass er den kindern nicht aus tiefstem herzen ihren weihnachtsmann vorspielen konnte. diesen alten, weisen mann, den die kinder mit einer mischung aus ein wenig ehrfurcht und scheu und gleichzeitig auch freudiger erwartung anblickten.

ein wenig schämte er sich auch, dass er ihnen wohl nicht nur heute etwas vorspielte, ihnen nicht aus tiefstem herzen ihr vater sein konnte.

aber diesen gedanken konnte er dann keinen weiteren raum gewähren, die geschenke wollten den kindern überreicht werden, auch oma und opa sollten großzügig bedacht werden. und natürlich die überraschung für seine frau, die er schon einige zeit sorgsam verborgen hatte und oft genug mit einer leichten sehnsucht in seinem herzen noch einmal durch seine hände hatte gleiten lassen.

die freude der beschenkten, das leuchten der kinderaugen belohnten ihn dann endlich doch für die mühe mit dem weihnachtsmannkostüm.

als die familie dann später einträchtig vor dem geschmückten baum mit den geschenken beisammen saß, fühlte er sich erleichtert. alles hatte den gewünschten lauf genommen. ein wirklich friedliches weihnachtsfest für die ganze familie!

doch plötzlich gab es streit.
lautstarker unmut füllte den raum.
es waren nicht oma und opa, die wieder einmal über lang zurück liegende details aus ihrem bewegten gemeinsamen leben stritten, nein, es waren die kinder.

schlaumeierhaft, wie Tom sich mit nicht nur körperlich zunehmender entwicklung nun öfter produzieren musste, posaunte er in die eben noch so friedliche weihnachtliche atmosphäre gnadenlos hinein: den weihnachtsmann gibt es doch gar nicht, das ist doch vati gewesen - wir haben ihn doch durch den spalt in der schlafzimmertür beobachtet!

Karla insistierte erbost in ihrer so oft wirklich anrührenden art: nein, das muss doch der weihnachtsmann sein, das kann nicht vati sein!
ich weiß es ganz gestimmt, es kann gar nicht nicht vati sein, ich habe es genau gesehen!
vati hat doch keine roten fußnägel und trägt auch keine seidenstrümpfe...

2012

hast du auch . . . die schuhe weggeräumt
hast du auch . . . das kleid in den schrank gehängt
hast du auch . . . die fingernägel geschnitten
hast du auch . . . die maskara entfernt
? ? ?

hasst du solche fragen auch
- so wie ich -
???

& vor allem:
hast du dann nicht doch schlussendlich
- so wie ich -
– schon wieder einmal -
dein ich verleugnet
? ? ?

2012

<u>da sitzt ein etwas vor seinem laptop</u>

der blues trägt die last der welt
ohrhänger spiegeln sich im bildschirm
uhrzeiger rasen um die wette
synapsen beginnen zu torkeln
der blues trägt die last der verzweifelten

da sitzt ein etwas vor seinem laptop
&
dieses etwas fragt sich
- wieder einmal -
- natürlich wieder einmal -

wäre es nicht zeit,
endlich . . .

. . . endlich
diesem spuk ein ende zu bereiten
? ? ?
? ?
?

2012

zur ja-sagerin geworden

ja,
zu mir
ja,
zu meinem leben
ja,
zu meinem ich
gesagt

ja gesagt zu mir
- vielleicht & besonders auch -
durch dein nicht nein zu mir

2012

du
bist was du bist

denn

du
kannst sein was du bist

& ich ?

2012

ich kann
ich kann nicht
- mann -

ich kann
ich kann nicht
- frau -

werden & sein & leben

- glaube ich -

2012

entgegengestreckt deine hände
doch
der graben ist breit
&
der graben ist tief

& so groß mein hoffen
& so groß mein bangen

sind diese, deine arme denn wirklich lang genug
sind diese, deine arme denn wirklich stark genug
um
mich zu erreichen
?
mich zu retten
???

2012

<u>klingt das nicht ein wenig schön traurig ?</u>

ein jedes meiner roten blutkörperchen
hat ein kleines päckchen geschultert
ein kleines päckchen traurigkeit geschultert
und mit dieser last treibt es
durch meine adern, meinen körper
&
umspült erst meine seele
mit dieser last
&
entlädt dann auf meiner seele
diese last

2012

gesetzt den fall
ich werde noch zeit haben
noch zeit haben zu fragen
mich zu fragen

ob ich
das geworden bin
das erreicht habe
was ich wirklich bin
was ich wirklich wollte

gesetzt den fall
ich werde noch zeit haben
zu fragen
mich zu fragen

gesetzt den fall . . .

2012

<u>schlafen ???</u>

ach was denn !
dafür ist keine zeit !

nein - nein – nein
denn
ich muss, ja
ich muss schreiben
ich doch muss schreiben,
um zu leben

schlafen,
ach was denn …
… dafür ist keine zeit

--- Kerstin muss doch leben ---
&
wenn schon nicht im licht des tages
dann wenigstens im dunkel der nacht

2013

<u>Manuela hat ein foto gemacht</u>

&
seit heute

sind es nicht mehr nur sieben buchstaben
ist es nicht mehr nur ein name

nein,
seit heute
hat Kerstin auch ein gesicht

seit heute hat Kerstin ein gesicht
ein wirkliches gesicht

- für mich -
- für dich -
- für die welt -

2013

<u>wir sind uns in Hannover auf dem bahnsteig begegnet</u>

du hast mich nicht gesehen
du hast mich nicht beachtet
- wie solltest du auch -

aber
ich habe dich gesehen
ich habe dich beachtet

dich
& deine langen blonden haare
& deine langen schwarz lackierten fingernägel
& auch dein ich unter dem make-up

&
ich habe deine sehnsucht gesehen
&
ich habe deine sehnsucht gespürt

denn
- so verwandt sind doch unsere seelen -

eine ahnung von Kerstin

&
je mehr ich mich
an sie verliere
desto mehr
finde ich mich
in ihr wieder

2013

<u>gelobtes land ?</u>

wenn wir uns nur selber
auf die straße & ins licht trauen

dann mögen manche
tuscheln – lächeln – spotten
den kopf schütteln

doch würde uns niemand
(mehr)
verhaften & wegsperren

ja
auch wenn noch nicht alles wirklich gut ist
ein wenig haben wir aber dann wohl doch ein

gelobtes land !

2013

55ter geburtstag
(ja, er wird wohl unweigerlich kommen)

„ mehr, mehr"
rief der kleine Häwelmann
- aus lauter übermut -

„ mehr, mehr"
ruft die kleine Kerstin
- aus tiefer sehnsucht -
- aus tiefer verzweiflung -

zaghafte liebeserklärung

so lange
viel zu lange wahrscheinlich
hat es gedauert

doch nun,
nun endlich kann ich wohl

diesen namen akzeptieren
diese bilder ertragen
&
diese frau in mir
auch
ein wenig lieben

2013

<u>ein fiktiver abend mit Almut</u>

die straße lag im beginnenden zwielicht, das sich als vorbote der schutz vorgaukelnden nacht empfahl . . .

leichter nieselregen ließ den asphalt der straße im schein der langsam heller erscheinenden straßenlaternen ein wenig glänzen . . .

der dunkle wagen rollte fast geräuschlos die kurze distanz von der kreuzung bis zum gartentor, das sich zwar unscheinbar gab, aber sich dann doch als ziel der nahenden bedrohung erwies . . .

einsam lag die straße im nahenden dunkel und keine streu-nende katze, kein auf sich gestellter gassi-geschickter hund, keine menschenseele nahm wahr, wie sich die fest verschnürten stiefel aus den geöffneten wagentüren schoben, den asphalt betraten und ohne sonderliche hast zielgerichtet dem haus zustrebten . . .

nie im leben hatten sie damit rechnen können, damit rechnen wollen, dass so etwas wieder passieren könnte, passieren würde – nie im leben hatten sie sich vorstellen können, dass es ihnen selber passieren könnte! doch nun waren sie mit der konkreten, ja wahrscheinlich ausweglosen bedrohung konfrontiert, mussten sich in ihr schicksal ergeben, ein schicksal, dessen weiteren fortgang und wohl auch dessen ende andere schon erdacht und besiegelt hatten . . .

nein, damit hatten Almut und Kerstin nicht gerechnet, als sie ihre frauen verabschiedeten, die sich im kino einen netten abend machen sollten und wollten . . .

das hätten Almut und Kerstin niemals für möglich gehalten, als sie sich für diesen abend verabredet hatten, um sich über ihre scheinbar so unendlich lange währende unsicherheit und ungewißheit auszutauschen, über die vielen probleme und die langen jahre der suche, sich ihrer wahren seelen bewusst zu werden ...
über die probleme und sorgen über die vielen jahre, die sie ihren frauen zugemutet hatten, über die schlimmen momente in ihren ehen, und natürlich aber auch über die vor glückseligkeit strotzenden momente in ihren ehen . . .

doch -
- niemand hatte von all diesen vorgängen an diesem abend etwas bemerkt . . .
. . . niemand hatte versucht, sich zu erinnern, vor wie viel jahren zuletzt dunkle wagen vor häusern hielten, um die bewohner, die menschen - menschen wie du und ich - einfach mitzunehmen, sie einfach irgendwo verschwinden zu lassen . . .

2013

<u>als wenn ich daran glauben könnte</u>

& Gott
betrachtete sein werk
& Gott
betrachtete Kerstin in ihrer unvollkommenheit

& Gott beruhigte Kerstin
alles ist gut !
& Gott sprach zu Kerstin
warum sollte ich dich denn nicht lieben ?
ich habe dich doch so erschaffen !

2013

FOTOS von KERSTIN

noch niemals
ließ ich mich gerne fotografieren
- als mann -

doch jetzt
wo diese fotos von Kerstin in der welt sind
- oh gott -

will ich mehr davon
will viel mehr davon
&
ich kann mich gar nicht satt sehen

ja
ich will mehr davon
will viel mehr davon
so unendlich viel mehr
von . . . mir

2013

<u>ein wenig melancholie schwingt in meinem herz</u>

als ich kein kleines mädchen war
- das ist nun lange schon her -

da hätte alles
ja, alles
seinen weg
zur wirklichkeit
zum glück
- zu meinem ich -
nehmen können
ja, hätte können

da hätte Kerstin
ja, Kerstin
ihren weg
zur wirklichkeit
zu ihrem glück
- zu ihrem ich -
nehmen können
ja, hätte können

als ich kein kleines mädchen war
- das ist nun lange schon her -
da hätte Kerstin geboren werden können

gedicht
zur nacht / zum morgen

ach,
könnte ich doch nur einmal
weinen
einfach weinen
aus tiefstem herzen weinen
rotz und wasser weinen

um all
die last
die trauer
von meiner seele zu waschen

ach,
könnte ich doch einfach nur einmal
meine seele leerweinen

2013

<u>um zu sein,</u>
<u>wo ich jetzt bin - wo wir jetzt sind</u>

scheiß viele jahre
hat es gedauert
scheiß viele tränen
hat es gekostet

scheiße
fast mein leben hat es gekostet
&
scheiße
deines noch obendrein

2013

kantig
eckig
rauh
ungeschliffen
- männlich -

zeigt sich dieses ich der welt

- doch -

weich
& zart
& liebevoll
& so unendlich verletzlich
ist dieses wahre ich in meinem ich

(ach ja, du arme kleine Kerstin !)

immer wieder Kerstin

wollte ich
dir entfliehen
mir entfliehen

wollte ich
dich leugnen
mich leugnen

wollte ich das
hatte ich wirklich gedacht
dass das wohl gehen könnte
über die jahre
die unendlich vielen jahre
? ? ?

<u>frau sein heißt</u>

lippenstift
strumpfhosen
röcke
pumps
bhs
nagellack
maskara

nein, das heißt es bestimmt nicht
doch
wenig mehr wird mir als strohhalm wohl nicht bleiben

2013

und wenn

und
und wenn
und wenn ich
und wenn ich einfach
und wenn ich einfach nur
und wenn ich einfach nur einem
und wenn ich einfach nur einem irrtum
und wenn ich einfach nur einem trugschluss
und wenn ich einfach nur einem falschen gefühl
aufgesessen bin

tja, das wäre dann ja eine ziemliche scheiße

aber nein:
für eine ziemliche scheiße
fühlt es sich einfach zu gut und zu richtig an
- dieses ich, so wie es halt zu sein scheint -
- dieses ich, so wie es halt wohl einfach ist -

2013

<u>dein blick auf mich</u>

jeden tag aufs neue
schaust du
&
prüfst du
- glaube ich -

was denn wohl
von deinem mann
von deiner liebe

übrig geblieben sein mag

2013

wir beide sind egoistisch

denn ...
... ich möchte
die frau in mir
nicht verlieren

denn ...
... du willst
den mann in mir
nicht verlieren

<u>femen-frauen
& ich</u>

sie haben brüste
- ich habe keine -

&
sie haben so
unendlich
viel mut & starken willen
für ihre überzeugung zu kämpfen
für ihre überzeugung einzustehen

- ob ich denn wenigstens den wohl jemals haben werde ? -

2013

<u>soll ich denn -</u>

meiner eigenen stimme
&
meinem eigenen gefühl
vertrauen

die nein sagen
zu manchem

die vielleicht sagen
zu so vielem

die ja sagen
endlich zu mir

<u>- werde ich denn ???</u>

2013

<u>& dann bin ich aufgewacht</u>

letzte nacht
durfte ich mich verwandeln

gleich einem schmetterling
der raupe entschlüpft
seiner schönheit entgegen

& vollkommen bin ich nun
so schön
so zart
so weich
so anmutig
so frau

letzte nacht
durfte ich mich verwandeln

<u>unter einer burka</u>

2013

<u>rechnung mit einer unbekannten</u>

- mutter – vater – vier kinder -

schwestern,
ihr habt
zwei schwestern
&
zwei brüder

bruder,
du hast
drei schwestern
&
einen bruder

2013

<u>nach ach so vielen jahren habe ich eine wirklich gute idee</u>

ich kann Kerstin

verleugnen
verneinen
verstecken
verfluchen
verteufeln

oder ich könnte sie doch vielleicht einfach auch
bedingungslos
LIEBEN

ein spiel

war es damals

ein spiel mit der wäsche & den kleidern
der
oma – mutter – schwestern

ein spiel
war es damals

mit diesen dingen
aus einer fremden welt
einer fernen sehnsüchtigen welt

ein spiel war es
schon damals
um leben
&
um tod

2013

<u>geht das denn ?</u>

können mann & frau
denn wirklich
gemeinsam leben
in einem haus
in frieden
in partnerschaft

können mann & frau denn wirklich
gemeinsam in frieden leben
in einem körper

in mir
? ? ?

2013

<u>- für dieses zweite ich in mir -</u>

einzig zwei
möglichkeiten
optionen
bleiben mir wohl nur

Kerstin
annehmen & lieben & leben

oder

Kerstin
töten

ein großer schritt für die menschheit ?

nein -
eher doch
ein kleiner schritt
ein ganz kleiner schritt
ja,
wenn überhaupt ein schritt
für die menschheit

und doch:
ein großer schritt
ein wirklich großer schritt
ein gigantischer schritt
- vor die tür ins wirkliche leben -
für Kerstin
für mich

2013

meine frau ! ! !

sie will

dass ich nicht
traurig bin
verzweifelt bin

dass ich
zufrieden bin
ein wenig glücklich bin

sie will

einfach stark sein
- oh gott -
- für mich -

erniedrigt
verwünscht
belogen
verleugnet

habe ich mich
vor gott
vor euch
vor dir
vor mir

ja,
belogen & getäuscht
habe ich mich so oft schon
eigentlich mein ganzes leben schon
belogen & getäuscht
gott – euch – dich - mich

'schwule sau' - 'perverser' - 'homo' - 'transe'

sagen sie
&
was immer sie auch
in ihrer beschränktheit
hinter dem vermeintlich fremden fürchten mögen

die unendliche liebe
die bedingungslose liebe
für das leben
sehen sie nicht
fühlen sie nicht
nein, diese unendliche & bedingungslose liebe
in uns
kennen sie wohl nicht

2013

<u>dabei ist doch gar nicht sylvester</u>

ab heute
ab sofort
will ich kein kleiner junge mehr sein

ab heute
ab sofort
. . .
will ich ein
großes
&
mutiges
&
starkes
&
aufrichtiges
mädchen
sein

2013

erahnen
- vielleicht -
verstehen
- nie -

wirst du dieses ich neben dir

& doch
- vielleicht -
wirst du dieses ich neben dir
noch ein wenig weiter lieben können
- ? ? ? -

2013

du fragtest mich ...

wir kauften einen lippenstift
& du fragtest: ist es nun genug ?

wir kauften eine strumpfhose
& du fragtest: ist es nun genug ?

wir kauften einen bh
& du fragtest: ist es nun genug ?

wir kauften einen rock
& du fragtest: ist es nun genug ?

& ... ?

2013

sie
hat & darf & ist & kann

doch sie
spürt es nicht
&
achtet es nicht
&
schätzt es nicht

- nicht wirklich jedenfalls -

- ach, wie ich es aber würde -

wenn ich nur
hätte & dürfte & wäre & könnte

2013

ich war & bin

ich war auf einer reise
doch ich wusste nicht
dass es eine reise war

ich war auf der suche
doch ich wusste nicht
dass es eine suche war

ich war kein wirklicher mann
doch ich ahnte & fühlte schon früh
dass ich kein wirklicher mann war

2013

mann gegen frau
dämon gegen dämonin
unmöglichkeit gegen möglichkeit

kämpft in mir

dieses ich
gegen
dieses ich

diese
kämpft in mir
angst & scham gegen so sehr glücklich

mülleimer

der ich bin
für
alles & jeden & jedes

ja, das bin ich
ja, das kann ich gut

doch wer
wer nur mag
mag sein herz
für mich
sein herz für mich ein wenig öffnen
?

<u>was für ein betrug</u>

- geschafft -
- die strapazen überstanden -
- es ist ein junge !!! -
- es ist ein mädchen !!! -

doch für
uns
gibt es danach weder einen anspruch auf
gewährleistung
noch ein recht auf
umtausch

jedes jahr sylvester

guter vorsatz
ersehnter vorsatz
erflehter vorsatz

doch einziger vorsatz
--- seit so vielen jahren schon ---
:
einfach nur

überleben

2013

<u>nicht jeden tag,</u>
<u>aber doch,</u>
<u>manchmal gelingt es mir wohl</u>

wie
was jahrelang
was jahrzehntelang
undenkbar
verboten
war
die hölle bedeutete

wie
das alles jetzt
ungedacht
ungelitten
machen

wie
mich
jetzt einfach
akzeptieren
bejahen
lieben

?

2013

<u>versager</u>

ich habe es versucht
ich habe dich in versuchung geführt

ich habe mich bemüht
ich habe mich so sehr bemüht dich zu verlieren

& doch
habe ich versagt
bisher noch immer versagt
habe dich nicht vertreiben können
aus meinem leben
habe deine liebe & dein verständnis
nicht erschüttern können

2013

<u>24 hours from Tulsa</u>
- nein !!!

24 stunden bis Hamburg
- ja !!!

24 stunden
bis das erste mal
dieses ich
sich euch zeigt und sagt
:
hier bin ich
&
ich bin aus fleisch & blut
&
ich bin eine von euch

ja,
ich bin eine von euch

2013

<u>heute, am 11. Oktober, ist weltmädelstag</u>

. . . meinte ich zu lesen, & . . .
was fühlte ich mich gut
was träumte ich von anerkennung
was erblühte mein herz

aber nein,
da habe ich mich dann wohl doch verlesen & vertan
da geht es gar nicht um uns mädels
- das hätten wir wohl gerne -
nein, es geht da gar nicht um uns
denn heute ist
:
weltmädchentag
! ! !

& so
wünsche zumindest ich den mädchen-mädels
- seid stark – seid ihr –
- fordert euren anteil - fordert eure rechte ein -
lasst euch von den männern
nicht bevormunden & nicht um euer leben bescheißen

<u>heute, am 11. Oktober, ist weltmädchentag</u>
<u>- doch bräuchten sie nicht eigentlich jeden tag einen:</u>
<u>weltmädchentag</u>
? ? ?

masche um masche

sorgsam aneinander gereiht
von geduldiger hand
sorgsam aneinander gereiht
zu einem großen ganzen

&

hoffentlich wird es dann am ende ein gar netter schal
mich zu hübschen
mich zu zieren

&

nicht einfach nur ein einfacher strick
mich zu meucheln

2013

ich jammere auf hohem niveau

dachte frau & stieg hinab
von ihren high-heels

dachte frau & stieg hinab
ins wirkliche jammertal

ins janmmertal
:
MANN

& dann jammerte sie erst recht
:
ACH DU SCHEISSE

2013

<u>lose – lose</u>
<u>oder doch vielleicht</u>
<u>win – win</u>
<u>?</u>

je mehr
ich ja sage
zu mir & meinem ich

desto mehr
riskiere ich dein nein
zu mir & meinem ich

- oder doch vielleicht auch nicht -
dein nein zu mir & meinem ich

2013

wenn dieser mann
vor die welt tritt
- belügt er die welt
- betrügt er die welt

wenn dieser mann als frau
vor die welt tritt
. . .
belügt er nicht
betrügt er nicht
. . .
belügt sie nicht
betrügt sie nicht
. . .

2013

<u>kleines foto</u>

kleines foto -
schon ganz verblasst
die ecken verknickt
verborgen im portemonnaie

kleines foto -
du erzählst von dem
was gewesen sein könnte
was ich gewesen sein könnte

kleines foto -
du erzählst von dem
was manchmal auch sein darf
was ich manchmal auch sein darf

kleines foto -
schon ganz verblasst
die ecken verknickt
verborgen im portemonnaie

kleines foto -
verborgen & mir doch so nah
kleines foto von
. . .
KERSTIN
! ! !

wenn es gut geht: lynchen

es scheint,
da ist ein wenig freude über meinen besuch

& so stehen dann auch für mich
- den schwiegersohn -
bier im kühlschrank
ein schnaps
& auch nüsse
bereit

ach, & ich frage mich
was mich denn wohl
- als schwiegertochter -
erwarten würde
?

2013

<u>auf dem weg nach Hamburg
, oder wohin auch immer ...</u>

diese frau
umfasst das lenkrad
diese frau
lässt dem motor freien lauf
diese frau
will vorwärts
diese frau
strebt zu den sternen
. . .
diese frau
ruht einfach nur in sich
. . .
aber diese frau
ist doch keine wirkliche frau
aber diese frau
ist doch diese frau in mir

nur eine einzige option noch für mich

- zu alt -
- zu faltig -
- zu verschrumpelt -
... inzwischen ...
dieses ich
als dass ich mich noch wandeln könnte
- in eine barbie ...
- in ein zuckerpüppchen ...

nein, das ist vorbei für mich
& höchstens noch mag entstehen aus mir
- eine puppe von der Käthe Grusel ...

niemals werde ich zur frau werden
doch
immer schon bin ich frau gewesen

ein wenig zumindest
ja,
ein klein wenig zumindest
. . .
bin ich schon immer frau gewesen

sie, meine frau

sie spürte,
wenn er litt
wenn sie litt

sie ahnte,
was er fühlte
was sie fühlte

sie wusste,
wenn er litt
wenn sie litt

sie spürte, ahnte, wusste
sie, meine frau

2013

<u>wir alle
kämpfen einen kampf</u>

<u>gegen uns !</u>

<u>mit uns ?</u>

<u>für uns !</u>

gelegentlich

kommen die monster
kommen die untoten

in dieses haus
in dein leben

&
du siehst sie streiten
du siehst sie kämpfen

&
du spürst in deinem herzen
wie sie streiten & kämpfen

wie sie unerbittlich ringen um das,
was du liebst . . .
. . . um mich

2013

er faltete seine hände
&
rot leuchteten die lackierten nägel

die hände gefaltet
flehte er

:

oh

GOTT

2013

<u>mal sehen...</u>

einen kleinen frieden
so scheint es
habe ich geschlossen
mit diesem körper
mit der welt
mit diesem ich

nicht den großen frieden
so scheint es
habe ich geschlossen
doch es scheint
ein kleiner frieden
ist es wohl doch geworden

2013

frau sein

wenn
ich
wenn
ich
nicht

wenn
ich
es nicht tue
es nicht probiere
es nicht erfiebere
es nicht erleide
es mich nicht trunken machen lasse

ach,
das wäre doch eigentlich schade gewesen

2013

die unzulänglichkeit

. . .
akzeptieren
annehmen

vielleicht
einfach
annehmen

dieses ich
ja, dieses
. . . mich . . .
ja, diese
. . . vielleicht gar nicht wirklich unzulänglichkeit . . .

vielleicht
einfach
annehmen

dieses ich
ja, dieses so sehr besondere ich

2013

& gott

musste sich mächtig anstrengen
hatte sich endlich bekehren lassen

& gott
hauchte leben ein
gab einen namen

& gott
erschuf wenigstens ein wenig frau
hauchte Kerstin ein wenig leben ein

. . .

etwas spät vielleicht
aber immerhin

hatte gott ein einsehen
hatte gott sich modernisiert

2013

was passierte, als die engel den weihnachtsmann nervten . . .

'weihnachtsmann', riefen die hellen stimmen.
'weihnachtsmann', ertönte es noch einmal, nachdem eine antwort nicht zu hören sein wollte -
doch noch immer zierte sich der bärtige gesell, nippte ein wenig mürrisch an seinem glühwein, in der trügerischen hoffnung nippend, dass das süße zeug ein gutes gefühl in ihm aufkommen lassen könnte.
'weihnachtsmann', insistierten die hellen stimmen nun intensiver.

doch weihnachtsmann mochte keine konversation pflegen, mochte keinen smalltalk, jedenfalls nicht in diesem moment. nein, jetzt war er eigentlich nur geschafft und fühlte sich unendlich kaputt und müde.
nein, er hatte so gar keine lust auf die witzchen der engel, die witzchen und anekdoten, die er ja zum größten teil schon fast auswendig mitsprechen konnte – naja, jahr für jahr als gleiches team unterwegs, Eric Clapton oder die Stones würden sagen: 'on tour' oder 'on the road' ... da kannte man sich halt in-und-auswendig!

doch irgendwie waren die sonst so liebenswürdigen engelchen jetzt anders drauf. fast könnte man sagen: sie nervten!
das konnte weihnachtsmann trotz seiner müdigkeit genau spüren.

und weihnachtsmann wollte dabei doch einfach nur die füße hochlegen, ein wenig entspannen, relaxen, einfach die strapazen der letzten wochen, die mühsal der weihnachtseinkäufe vergessen. einfach mal seine ruhe haben.

und dann diese nervensägen! das konnte doch nicht wahr sein! warum wurde er nur so gestraft?

hatte er sich nicht alle mühe gegeben, hatte er nicht wieder einmal fast wie selbstverständlich, - genau wie alle jahre wieder - alle wunschzettel abgearbeitet?
alle wunschzettel, die aufgeschrieben waren von den kleinen und auch von den großen kindern, so manchen wunschzettel auch, der nur gedacht und geträumt, jedoch nicht niedergeschrieben war ...

'weihnachtsmann', - 'oh gott', dachte er, der verzweiflung schon bedeutend näher -
'weihnachtsmann', - 'ach ihr mehr bengel als engel, was wollt ihr denn nun noch mehr von mir, als ich schon geleistet habe?', brummte er mit einem leicht verzweifelten unterton in der stimme.

'weihnachtsmann', - jetzt doch ahnend, worauf ihre intervention abzielte, antwortete er: 'oh, nein, gebt ruhe, wir haben das doch schon diskutiert! ich habe sowas noch nie gemacht! noch niemals! das ist doch nicht normal! wo leben wir denn! wo sollte das denn hinführen! wo sollte das denn enden? wo, bitte schön!', räsonierte weihnachtsmann. ein wenig hatte er sich nun doch in rage geredet.

natürlich fiel es schwer, den engeln, die noch dazu wie immer in ihrer himmlischen heerzahl vertreten waren, zu widersprechen, ihnen gar einen wunsch zu versagen! doch das konnte nicht wirklich ihre meinung sein, das konnten sie doch nicht wirklich gut heißen und wollen!
oder etwa doch, dämmerte es ihm - ?
'weihnachtsmann', -da war es wieder zu hören- oh, ihm brummte der kopf, und sie gaben keine ruhe -oh-oh-oh- keine ruhe war für ihn in sicht, keine erlösung -

'ach - weihnachtsmann !!!' - 'ooch- weihnachtsmann !!!'

'weihnachtsmann !!!'

'oh weh, oh weh, wo sollte das bloß enden ...', weihnachtsmann hielt sich die hände über die ohren -

'WEIHNACHTSMANN !!! ... und wenn sie nun doch lieber die strumpfhosen, die parfums, die dessous auspacken möchten, soll das etwa an dir scheitern, dir, der du doch sonst jeden menschen glücklich machen möchtest?'

und irgendwann resignierte weihnachtsmann, konnte er keinen widerstand mehr leisten, stellte sie sich in seinen gedanken vor, ...
die kerle,
mit ihren zarten seelchen ... mit ihren süßen träumen ...

ja, und irgendwann kapitulierte weihnachtsmann dann gänzlich und packte schnell noch ein paar extra päckchen für die weihnachtliche auslieferung – natürlich von den engeln fachkundig beraten und emsig unterstützt.

'aber nur mal als versuch, das muss wohl überlegt und getestet sein!', versicherte weihnachtsmann mit tiefer bestimmtheit den engeln, deren augen glänzten und eine große zufriedenheit ausstrahlten. endlich hatten sie ihr ziel erreicht, endlich hatten sie den alten kerl, ihren guten freund weihnachtsmann, überreden können!
endlich -

tja,
und ob diese geschichte sich nun so zugetragen hat oder vielleicht in ein paar tagen noch zutragen wird, das möge eine jede von uns beurteilen wollen, wenn die sorgsam und liebevoll unter dem weihnachtsbaum drapierten päckchen eine neue besitzerin gefunden haben ...

alles liebe für euch & vor allem: FROHE WEIHNACHTEN

gezweifelt
hast du – habe ich
an mir ... an dir ... an der welt

gehadert
hast du – habe ich
mit mir ... mit dir ... mit der welt

lieben gelernt
hast du – habe ich
mich ... dich ... die welt

2013

noch nie
hat ein geschärftes messer ...

noch nie
hat eine packung medikamente ...

...

in meinen händen gehalten
ein option sein sollen
eine option sein können

denn noch immer wieder
habe ich versucht
dieses ich zu nehmen
wie es halt ist
noch immer wieder versucht
dieses ich anzunehmen
wie es halt ist

2013

<u>& wenn ich brüste hätte</u>

so hätten sie doch niemals genährt

... nein ...

niemals genährt hätten sie

doch gestillt hätten sie

gestillt hätten sie so manches mal

gestillt die sehnsucht in mir

2013

& Kerstin lackierte sich die nägel
- und sie wusste: es war gut
& Kerstin wählte einen rock
- und sie wusste: es war gut

& Kerstin fühlte tief in sich die frau
- und sie wusste: es war gut

& auch gott wusste:
alles war gut

doch die dummen unter den menschen zweifelten
'' das ist doch nicht gut ''
? ? ?
! ! !

blick aus dem fenster

- dort oben die burg -
- die burg dort oben auf dem berg -

mag auch der wind
dort oben ihre türme umtosen
mögen auch geister und dämonen
dort oben ihr dasein fristen

so leuchtet sie doch hell
- wenn der mond erst die wolken vertrieben hat -
weit übers tal
weit in die nacht

leuchtet her zu uns die wir
einsam oder
leidgeprüft oder
in versuchung geführt oder
einfach nur hilflos
sind
im dunkel der nacht
im dunkel unseres seelengrundes

2013

<u>T   für Trans*</u>

T   für tränen ...
R   für reue ...
A   für angst ...
N   für niemals ...
S   für schuld ...

T   für toll sehe ich aus !
R   für raus in die welt, mädel !
A   für ach, ich liebe dieses ich !
N   für nur keine scheu !
S   für so sehr ich !

<u>natürlich</u>

ist
makeup vielleicht nicht praktisch
sind
pumps & röcke vielleicht unbequem
lange fingernägel vielleicht hinderlich

vielleicht - natürlich
ja, mag sein

aber
:
trotzdem ist das alles so sehr
schön
trotzdem ist das alles so sehr
leben
trotzdem ist das alles so sehr
ich

ein kleiner unterschied

für euch ist es

...

fast egal
nichts
irgend etwas

für uns ist es

...

heilig
sehnsucht
leben

2013

<u>ich bin mir sicher</u>

ich weiß

ich kann Kerstin raum geben
ich kann Kerstin leben

ich weiß

ich muss Kerstin raum geben
ich muss Kerstin leben

denn ich weiß

ich bin
Kerstin

2013

neulich im kaufhaus

fast ... hätte sie mich ausrufen lassen

denn
fast ... verloren gegangen

zwischen
blusen
röcken
mänteln
schuhen

ja,
fast ... verloren gegangen

war ich im ach-so-glücklich

2013

im meinem hinterkopf
flüstert er
lauert er

der mann

& er säuselt
& er lockt:
du bist nicht frau
du hast diesen körper nicht
es ist nur ein betörender traum

& doch lügt er mich an:
du bist nicht frau

2013

tauschbörse

so mancher
würde tauschen mit mir

so manche
würde tauschen mit mir

doch auch ich würde tauschen
mit so mancher

2013

fesseln

sind es ihre fesseln
sind es meine fesseln

die mich halten
in diesem ich

sind es unsere fesseln
die uns halten
in-an-mit-bei
uns
die uns halten
wegen
uns

2014

. . . & auch in deine liebe

du hast mich gesehen
so wie ich nie wollte
dass du mich siehst

du hast mich erlebt
so wie ich nie wollte
dass du mich erlebst

du hast mich gesehen & erlebt
so hilflos - so schutzlos
so ich

& dann hast du mich einfach genommen mit
- deinen händen – deinen worten - deinen gedanken -

& dann hast du mich einfach fallen lassen in
- deine zuversicht – dein vertrauen - . . .

2014

zwischen Marienplatz und Stachus

... schweben ...
durfte ich
- gestern -

... schweben ...
& vielleicht war es sogar ganz oben
weit im himmel bei den wolken

doch:

... humpeln ...
muss ich
- heute -

... humpeln ...
weil so fürchterliche schmerzen
allzu irdisch meine füße quälen

2014

<u>für euch & für mich</u>

ich sehe eure bilder
ich lese eure berichte
ich höre eure geschichten

& manchmal bin ich traurig
für euch
& manchmal bin ich glücklich
für euch

& manchmal bin ich auch ein wenig traurig
& manchmal bin ich auch ein wenig glücklich
für mich

2014

nur ein wortspiel

die gnade . . .
. . . der nacht

die gnade . . .
. . . des alters

die gnade des . . .

2014

„Vielen Dank, Frau W***"

sagte sie &

oh, besoffenen
macht es mich

ja, trunken
macht es mich

ach, sprachlos
&
noch immer
glücklich macht es mich

nein, einfach nicht mein ich

die hose
das hemd
die schuhe

so sehr nett und raffiniert geschnitten und gemacht

aber
das alles schmeichelt nicht meinem ich
es schmeichelt nicht meiner seele
nein
es ist ganz einfach nicht mein ich

vielleicht, um zu irrlichtern

vielleicht
wurde ich einfach nur geboren
um zu irrlichtern

zu irrlichtern
als
ich-wäre-doch-so-gern-ein-mädchen
um zu irrlichtern
als nicht dies und als nicht das

zu irrlichtern als nicht dies & als nicht das
ja, scheiße auch, als
ach-ich-wäre-doch-einfach-so-gern-ein-mädchen

2014

<u>ich bin mir nicht wirklich sicher !</u>

sie lieben ihre
töchter & söhne

die
mütter & väter

was,
wenn *wir* ihre
'töchter' & 'söhne'
wären
?

2014

<u>an euch frauen in der welt</u>

meinen
körper
zu
einem
der
euren
werden
zu
lassen

es wäre wohl der größte beweis
den ich bringen könnte
euer leid wirklich teilen zu wollen

2014

<u>roller coaster</u>

auf & ab
berg & tal

doch:
über den berg
nein
das bin ich noch lange nicht

aber:
im tal
- gar wohl unter der erde -
nein
das bin ich auch noch nicht

2014

<u>was kaum jemand ahnt</u>

augen
die weinen ohne tränen

herzen
die bluten ohne blut

frauen wie wir
die verblühen
ohne je
geblüht zu haben

2014

mordversuch

fast hätten sie
- vielleicht aus unwissenheit -
- vielleicht aus angst vor mir -

fast hätten sie
getötet
dieses ich
fast hätten sie
getötet
Kerstin mit mir

2014

sie geht & er geht

sie -
... durch ihre hölle

er -
... durch seine hölle

& dann
... gemeinsam durch die hölle ...
- *träume ich* -
gemeinsam
- hand in hand -
&
- herz bei herz -

erst -
... durch die hölle
doch am ende -
... in den himmel

sie & sie gehen

2014

segelt ein schiff
getauft auf den namen traurigkeit

segelt ein traum
getauft auf den namen sehnsucht

segelt ein hilfloses ich
durch die zeit
durch die traurigkeit
durch die sehnsucht

segelt ein hilfloses ich
getauft auf den namen Kerstin

2014

<u>die eine & die andere in diesen haus</u>

während

die eine träumt
vom kelch
der sich über sie ergießen möge

träumt die andere
vom kelch
der an ihr vorüber gehen möge

2014

auch wenn du heute 'ja' gesagt hast ...

dieses undenkbare
denken

dieses unaussprechbare
aussprechen

dieses unliebbare
lieben

dieses andere ich
noch immer & auch noch weiter
lieben

wirst du – willst du – kannst du
?

2014

was zählt ein wort
was zählt ein versprechen

das mir gegeben

um meine tränen zu stillen
um mein brennendes herz zu kühlen

was zählt ein wort
was zählt ein versprechen
das mir gegeben

wenn die nacht
dem morgen weicht

2014

bin so müde
bin so leer

mag nicht mehr kämpfen
mag nur noch ruhen

2014

<u>über ein mädel,
das versucht,
sich hoffnung zu machen</u>

der schnitt des rockes zu eng
die absätze der schuhe zu hoch

als dass dieses mädel
den großen schritt tun könnte

doch vielleicht kommt dieses mädel
mit vielen trippelschritten
irgendwann doch auch einmal
im himmel an

2014

<u>es geht !</u>
<u>es geht !</u>

es geht eigentlich keinen bekannten etwas an
es geht eigentlich keinen nachbarn etwas an

denn:
es geht nur dich & mich etwas an

ja,
<u>es geht !</u>

2014

gefangen

gefangen
in diesem körper
in diesem leben

gefangen
in dieser liebe
in deiner liebe

gefangen
in diesem ich

2014

ich gehe durch den tag

ich gehe durchs leben

&
so oft frage ich mich

ist es mein tag
ist es mein leben
?

2014

<u>Gretchenfrage...</u>

wirst
du
wohl
genug
kraft
haben,
um
den
kampf
gegen
dich
zu
gewinnen
?

- den kampf um dich zu gewinnen -
?

<u>oder...etwa...Kerstinfrage</u>

ich bin mir ziemlich sicher

& wenn schon nicht

die nachbarn
die freunde
die verwandten
die bekannten

mich lieben wollen

Jesus,
ja Jesus
hätte mich wohl in seine arme genommen
hätte mich einfach so in sein herz geschlossen

2014

nein !!!

haben sie gesagt
wir sind für dich da

haben sie gesagt
wir lieben dich trotzdem

haben sie gefragt
wie können wir dir helfen

haben sie
???

haben sie
???

haben sie
???

haben sie
???

2014

<u>warum nicht</u>

einfach total besaufen
einfach rotz und wasser weinen

<u>warum nicht</u>
<u>einfach zugeben</u>
<u>- es hat halt nicht sein sollen -</u>
<u>- es hat halt nicht sein können -</u>

<u>warum nicht</u>
<u>einfach ein ende setzen</u>
<u>diesem ich</u>
<u>dieser sehnsucht</u>
<u>meinem ich</u>
<u>… Kerstin …</u>

<u>?</u>

2014

<u>um Kerstin zu gebären...</u>

gestern
- ging es irgendwie nicht

heute
- ist es schon zu spät

morgen
- ja, für morgen

<u>...müsste ich ganz schön mutig sein</u>

<u>...oder verzweifelt</u>

<u>...fehlt mir wohl der mut ?</u>

2014

<u>& jetzt ?</u>

die mauern sind eingerissen
die fesseln einfach so gelöst

das gefängnis steht offen
die jahre des wartens sind vorbei

die tür steht offen
die welt wartet auf dich
das glück winkt dir zu

& jetzt ?
werde ich gehen ?
endlich ?
werde ich jetzt endlich gehen ?

oder
haben mich die vielen jahre kerker
unfähig gemacht
zu laufen
zu handeln
unfähig gemacht
das glück zu greifen
?

2014

<u>ich habe angst</u>

angst um das universum

ob es denn wohl nicht vielleicht platzen wird

weil dein herz so groß
so unendlich groß ist

jetzt gerade
in dieser zeit

jetzt gerade
in deiner sorge
in deiner liebe
um & für
mich

2014

<u>diesen mann</u>

so wie ihr ihn vielleicht
... kennt ...
... liebt ...
... schätzt ...
... achtet ...

diesen mann
hat es niemals wirklich gegeben

2014

<u>wir tun nichts ...</u>

... wir wollen nur spielen ...
- mit unserem make-up
- in unseren kleidern
- in unseren pumps

wir tun nichts ...
... denn ...
... wir wollen einfach nur frau sein

wir tun nichts ...
... denn ...
... wir sind doch einfach nur frau

2014

<u>eine schwule transe !</u>

oh jeh !
das hat dieser familie wohl gerade noch gefehlt !

aber -
da denke ich mir
- zumindest heute nach so vielen jahren -
:
. . . scheiß drauf . . .

. . . haben sie halt pech gehabt,
keine schwule transe
- halt nur eine glückliche frau -

2014

& plötzlich, einfach so

& plötzlich
. . .
geht alles ...
darf alles ...
ist das undenkbare möglichkeit
& wird vielleicht ja auch wirklichkeit

& plötzlich
. . .
geht dieses ich ...
darf dieses ich ...
ist Kerstin möglichkeit
& wird vielleicht ja auch sichtbare wirklichkeit

2014

<u>wer nicht alles auf Kerstin wartet ! ? !</u>

mögen doch
brückenpfeiler
bäume an straßenrand

mögen doch
schachteln mit tabletten
messer mit scharfen klingen

mögen sie doch
warten auf mich

doch die welt
ja, auch die welt
wartet auf Kerstin

- so hoffe ich . . .
- darauf vertraue ich !

2014

<u>aus raupen werden schmetterlinge</u>

nett anzusehen war er
gut zu leiden war er auch
der mann

doch nun
oh graus
- menschen – monster – mutationen -
wird zur unscheinbaren hässlichen raupe er

um dann
so hofft er
so träumt er

ein
wunderschöner & glücklicher & zufriedener
schmetterling zu werden
der im warmen sonnenschein
erwachen & erblühen
darf

2014

<u>& Kerstin sagte zum mann in sich</u>

hab keine angst
lass dich fallen in meine arme

lass dich los in meine stärke
lass dich los in meine liebe

vertrau mir
&
bald schon bist du nicht mehr ich
denn
bald schon bist du tot

2014

noch einmal ein paar zweifel, bevor es zu spät ist

ich dachte ich kann
doch kann ich wirklich
?
ich dachte ich muss
doch muss ich wirklich
?
ich dachte ich will
doch will ich wirklich
?

ich dachte ich bin
doch bin ich wirklich
?

2014

nein, wahrlich nicht leichtfertig

es sieht so leicht aus
so leichtfertig
für die welt

doch ängstlich
so voller angst
habe ich

abgerungen
jedes kleine bisschen frau
diesem ich

leben geschenkt
jedem kleinen bisschen frau
in mir

2014

transition

er
kann das
wird das
darf das
soll das
doch nicht tun
- nein, habt keine sorge, nein -

aber sie
- zwar noch nicht deutlich sichtbar -
doch ja,
sie hat es längst getan

2014

reif, fast überreif
wie das obst im spätsommer am baum
hing ich am seidenen faden

& fast wäre der faden gerissen
& fast wäre ich auf dem boden zerplatzt
so reif, fast überreif
wie das obst im spätsommer am boden

doch plötzlich fasstest du nach mir
. . .
mit deinen händen
so zart . . . so warm . . . so weich

& du fasstest mich so sanft
& du bettetest mich so sanft
in deinen schoß
in deine liebe

2014

in diesen manchen momenten
wenn meine seele weinte

. . .

taten meine tränen dir so weh
rührten meine tränen dein herz

in diesen manchen momenten
wenn deine seele weinte

. . .

taten deine tränen mir so weh
rührten deine tränen mein herz

doch so viel mehr zählten die momente
als
unsere tränen gemeinsam rannen
&
unsere herzen aneinander banden

<u>es ist –</u>
<u>es ist nicht –</u>
<u>oder ist es doch ?</u>

es ist nicht mehr der mann
der neben dir geht
der dich anlacht
der deine nähe sucht
der deine liebe braucht

nein,
es ist nun nicht mehr wirklich der mann

doch,
wenn du genau hinsiehst
wenn du dein herz befragst
ist es denn nicht noch immer
dieser eine dir so sehr vertraute mensch
?

2014

verstehen

kann sie
können die anderen
mich nicht

verstehen
kann auch ich
mich nicht

doch:
es geht ja gar nicht um
verstehen
einzig geht es um
akzeptieren
mögen
lieben

einzig geht es um überleben
- mein überleben -

2014

kleines gedicht zum 29.11.2014

manche männer
junge kerle
arme prolos
echte machos
sie
lassen die sau raus

doch ich armes kleines ding
ich lasse einfach nur
die frau raus

2014

ja, jetzt – ja, ich

& sie schaute ungläubig
& sie war erschrocken
& sie fühlte bedauern
:

„ da haben sie ja die besten jahre einer frau
gar nicht erleben dürfen "
. . .

& jetzt ?
& ich ?

ja, ich
da muss ich wohl einfach
nehmen & genießen
- gierig & kompromisslos -
nehmen & genießen
was noch zu nehmen & zu genießen geht

2014

<u>- ich muss es wissen, denn ich bin du -</u>

ach,
wenn ich diesem kleinen jungen
nur einmal über das haar streichen könnte
wenn ich diesen kleinen jungen
nur einmal in den arm nehmen könnte

wenn ich diesem kleinen jungen
doch nur einmal sagen könnte
- es ist nicht falsch -
- es ist nicht böse -

wenn ich diesem kleinen jungen
doch nur einmal sagen könnte
- du bist nicht schlecht -

ach,
wenn ich diesem kleinen jungen
doch nur tröstend sagen könnte
' halte durch '
' irgendwann einmal, wird alles gut '

2014

the times they are a-changin'

damals
. . .
sie schauten genau:
es ist ein junge !

heute
. . .
ich sehe im spiegel:
es wird ein mädchen !

2014

<u>wie das kleinen mädchen manchmal halt so geht</u>

selbstlos
großherzig
bedingungslos
. . .
habe ich mein vertrauen
verschenkt

selbstgerecht
engherzig
egoistisch
. . .
wurde mir mein vertrauen
missbraucht

2014

<u>ja sagen zum ich – vertrauen ins ich</u>

waren es abgründe meiner seele
so wie ich dachte – so voller angst
so wie ich fürchtete – so voller sehnsucht
?

oder

waren es hilferufe meiner seele
die ich nicht verstand – nicht verstehen konnte
- ohne diesen schlüssel zu mir -
- ohne dieses ja zur frau in mir -
!

2015

<u>ein (hoffentlich verfrühtes) résumé</u>

&
wenn es nur für
diese wenigen tage
gewesen sein sollte
scheiße auch
es hätte sich gelohnt

all die sehnsüchte - all die tränen
all die schmerzen – all die verzweiflung
scheiße auch
sie hätten sich gelohnt

ja,
& wenn es nur für diese wenigen tage gewesen sein sollte
es hätte sich so sehr gelohnt
! ! !

transfrau ? - transfrau !

ich sah dich & ich dachte
:

wenn du das bist
was ich denke, dass du es bist
- was auch ich bin -

warum
ist da kein lächeln um deine lippen
für dich ?
warum
ist da kein stolz in deinem blick
auf dich ?

denn . . .
wenn du das bist
was ich denke, dass du es bist

dann solltest du
- du hast doch ein recht darauf -
ein lächeln um deine lippen haben
&
auch stolz in deinem blick haben

2015

ich bin durch die hölle gegangen
& noch ist das verbrannte fleisch zu riechen

ich bin durch die dornen gekrochen
& noch sind die blutenden wunden zu sehen

ich bin durch die feindseligkeit getaumelt
& noch ist meine seele von angst erfasst

ach, nein, nein, nein !, nein -
das war jetzt nur ein witz -
. . .
zwar bin ich durch die hölle gegangen
zwar bin ich durch die dornen gekrochen
zwar bin ich durch die feindseligkeit getaumelt
. . .
doch da ist jetzt einfach nur
tiefes & reines
glück
tiefes & reines
ich

2015

<u>trans*-du & trans*-ich , trans*-wir</u>

ja, wir sind vollkommen
- verschieden
- hilflos
- verletzlich

& doch:

ja, wir sind vollkommen

2015

<u>wer einen hund schlagen will . . .</u>

wer einen empfindsamen menschen . . .
wer einen verletzlichen menschen . . .
wer einen hilflosen menschen . . .

. . . zerstören will . . .

<u>. . . wird einen knüppel finden !</u>

2015

„Übrigens.....um eine Prinzessin zu sein,
muss man keinen Prinzen heiraten." *

der morgen erwacht
die sonne scheint durchs fenster
stille ist um mich herum
nur amseln singen für einander
kaffee dampft im becher
&
ich gönne mir
kajal – maskara - lidschatten
make-up – rouge - puder
&
dann will doch wirklich
ein lächeln meine mundwinkel umspielen
ja, denke ich . . .
ja, weiß ich . . .
ich muss keinen prinzen heiraten,
um eine prinzessin zu sein

*vielen Dank an Emma Watson für diesen schönen Spruch !

2015

<u>ich bin etwas müde,
darf ich mir jetzt nicht auch ein wenig ruhe gönnen ?</u>

ja,
müde bin ich
- ein wenig zumindest -

vielleicht war
das tal zu tief
der berg zu hoch
der weg zu weit
vielleicht war
mein traum zu groß
?

doch habe ich nicht
das tal durchquert
den berg erklommen
den weg bezwungen
?
doch habe ich nicht
meinen traum zum ich gemacht
?

2015

<u>habe ich etwa gedacht, dass die welt eine scheibe wäre ?</u>

nein
nicht die ganze welt
habe ich
ja
aber meine welt
habe ich
auf den kopf gestellt

doch
die welt ist eine kugel
&
da muss ich wohl aufpassen
muss wohl auf mich achten

dass ich nicht einfach & aus versehen
herunterpurzele von dieser kugelwelt
die ich auf den kopf gestellt habe

2015

<u>nein, hätten sie wohl nicht !</u>

hätten sie nicht wissen
können
sollen
müssen
dass ihr nein zu mir
dass ihr nein zu ihrer tochter
- damals -
einen tod in kauf genommen hat
einen tod hätte bedeuten können

<u>oder hätten sie vielleicht doch ?</u>

2015

so oft & in vielen momenten
meines lebens !

bin ich
mutlos gewesen
verzweifelt gewesen

doch
scheitern an mir
an meinem besonderen ich

- das weiß ich jetzt -

das durfte ich nicht
das wollte ich nicht
. . . & . . .
das musste ich doch eigentlich auch gar nicht
. . . nein . . .
das muss ich doch eigentlich auch gar nicht

2015

besoffen bin ich
manchmal
von diesem ich
so neu
so kompromisslos
so endlich

... doch ...

verkatert bin ich
niemals
von diesem ich
so neu
so kompromisslos
so endlich

2015

<u>ach, kleine Kerstin,</u>

gehst so gerne durch die welt
&
gehst so gerne shoppen

ob schuhe-röcke-blusen
- & da sind so viele spiegel -

ob kosmetik, ob schmuck
- & da sind so viele spiegel -

oder wurst & käse
- & da sind so viele spiegel -
selbst obst & gemüse . . .

tja, kleine Kerstin,
bist halt so'n ganz besonderes . . .

. . früchtchen

'so, let's all drink to the death of a clown'

wo sind sie geblieben
. . .
die angst
die sorgen
die nöte
die hilflosigkeit
?

hat es sie denn überhaupt gegeben
waren sie denn wirklich real
?

& wenn ich euch hier nicht berichtet hätte
ich könnte und vielleicht auch wollte
mich gar nicht mehr erinnern
. . . denn . . .
wo sind sie geblieben
?

ja,
& wo ist er geblieben
dieser clown
der wohl niemals wirklich dieses ich gewesen ist
?

2015

<u>. . . jedenfalls gefühlt ! ! !</u>

gemessen an dem

wo ich herkomme
&
wo ich hindurch musste
&
was ich nicht durfte
&
was ich nicht schaffen konnte

so lange zeit

bin ich doch am ende & auf die letzten meter
noch eine ganz passable transfrau geworden
? ? ?

2015

in so viele
mädchen & frauen
in meinem leben
habe ich mich verliebt

dachte ich . . . damals
zweifle ich . . . heute

. . . denn . . .

es war wohl am ende nur
diese eine frau
diese frau in mir
die ich wirklich wollte

2015

<u>maßlos bin ich</u>

wo ist deine kraft?
wo ist deine stärke?
wo ist deine zuversicht?
- ich brauche sie doch so sehr -

gib mir deine kraft!
gib mir deine stärke!
gib mir deine zuversicht!
- ich brauche sie doch so sehr -

gib mir deine liebe!
- ich brauche sie doch so sehr -

ja, ich weiß,
maßlos fordernd bin ich
maßlos in meiner hilflosigkeit

2015

<u>manchmal setze ich meine rosarote brille auf . . .</u>

. . . & dann ist es nicht mehr relativ
. . . & dann ist es nicht mehr subjektiv

- nein, ganz und gar nicht -

. . . & dann betrachte ich mich ganz ungläubig
. . . & dann berühre ich mich ganz ungläubig

& ich fühle dieses glück in mir
:
wie kann frau nur so schön sein

2015

werde, der du bist

hatte ich diesem rat versucht zu folgen ?
ja, versucht habe ich das so lange zeit !

nur, gelungen,
gelungen ist es mir wohl nicht
habe am ende dann doch verloren
bin kläglich gescheitert an so manchem
& kläglich gescheitert an mir

nein, keine chance hatte ich anscheinend
zu werden, der ich bin

& dann, ja dann,
machte ich mich endlich auf den weg
den angstvollen & doch erlösenden weg
denn jetzt war ich mir sicher zu hören,
was der alte dichter mir wirklich riet:

werde, die du bist

2015

ach,
hätten sie doch
ein etwas
diese ahnungslosen
diese ignoranten
diese selbstgerechten
diese dummen

ach,
hätten sie doch
ein bi
ein homo
ein trans*
ein sonstwas
auch in ihrer familie

ach,
haben sie doch ! ! !
wissen es nur nicht ! ! !

2015

so oft & so viele jahre
schien die sonne in meinem leben

&
ich lachte
ich machte witze
ich war vergnügt
strahlte als prinz

& doch
tief in meinem herzen . . .
tief in meiner seele . . .
. . . litt die prinzessin

2015

zuversicht

trans*
hast mich, ja du
hast mich lügen gelehrt
hast mich verbogen
hast mich gequält
hast mich nicht wirklich gut behandelt
ja du
hast mir erniedrigung auferlegt
hast mich beinahe getötet

& dennoch, trans*,
am ende wohl
werde ich dann doch
meinen frieden mit dir machen
wollen & auch können

2015

<u>noch immer wieder . . .</u>

du fragst mich
was ziehe ich an
&
ich frage dich
was ziehe ich an

doch du fragst dich nicht
bin ich frau

& ich frage mich sehr wohl
bin ich frau
& darf ich jetzt wirklich sagen
ich bin frau

so wie du einfach sagen darfst
ich bin frau

Manuela hatte ein foto gemacht, damals

& ich war so stolz
& es war so schön
& ich habe es so sehr geliebt
& ich habe es euch gezeigt

& ich dachte, das ist mein ich

doch inzwischen sind verschwunden
das dicke make-up & die perücke
& inzwischen sind auch verschwunden
die illusion von frau
die sehnsucht
der traum

denn:

Gabi hat ein foto gemacht, gestern
& ich bin so stolz
& es ist so schön
& ich liebe es so sehr
& ich zeige es euch

& ja,
das bin jetzt ich
endlich wirklich - ich
endlich wirklich – frau

2015

die mutter der trans*tochter

fragte & sagte . . .

'deine haare sind aber schön gewachsen'
'deine kleidung steht dir gut'
'was hast du alles durchgestanden'
'ich bin stolz auf dich'
'wie schön, dass alle noch bei dir sind'
'wie schön, dass du noch da bist'
'dein make-up ist schön dezent'
'ich hätte dich so gerne unterstützt'

. . . das alles nicht

2015

ach, kleines mädchen,

bewahr dir diesen traum
&
diesen zauber
der in dein leben getreten ist
bewahr dir
diese magie
die dich erfasst hat

gewöhn dich nicht daran
nimm es nicht für selbstverständlich

ja, du endlich frau
bewahr dir dieses endlich

2015

nein & nicht

nicht kleines mädchen
nicht junges mädchen
nicht junge frau

nein, das alles nicht!

nein ! --- nein ! --- nein !
&
nicht! --- nicht ! --- nicht !

nein, das alles durfte nicht sein !

vielleicht aber jetzt noch:
spätes mädchen
oder auch halt nur:
alte frau

2015

ich war eine träumerin
doch ich wusste nicht
ob ich eine träumerin sein durfte

so lange - doch nun

bin ich eine träumerin
& darf es sein
bin ich ein mädchen
& darf es sein

bin ich frau
& ja
jetzt bin ich es halt einfach

kurzes liebesgedicht

sie fühlen sich so gut an
sie sehen auch so gut aus

sie sind auch so richtig
& sie sind so gut

ja, ich liebe sie,
die beiden da im spiegel

2015

was kann ich denn wohl
mit euch anderes anfangen
mit euch anderes machen

mit euch die ihr
eure arme
eure herzen
so weit öffnet

für mich – für dieses ich

als einfach nur
lieben

2015

<u>sie haben es wohl vergessen</u>

dass sie auch einmal

hübsch wein wollten
mit tollen schuhen
mit eleganten kleidern
mit roten lippen

dass sie auch einmal
ein richtiges mädchen sein wollten

ja,
sie haben es wohl vergessen

2015

es gab momente in meinem leben

da haben sie dieses ich nicht gewollt
dieses ich – mein ich nicht gewollt

da haben sie ein anderes mich gewollt
& sie haben es sich einfach genommen

ja, sie haben dieses ich zum schweigen gebracht
zum schweigen für dieses andere ich, ihr ich

2015

frage ohne wirkliche antwort

hoch war der preis
den ich zahlen musste
für meinen weg ins licht
!

doch

wie hoch hätte der preis
wohl sein können
für ein für immer & ewig
versteckt
verzagt
verbogen
... & ja, für immer ...
verloren

2015

<u>von einer transfrau an ihre biofrau</u>

leichtfertig ?
oder
in größter not ?

habe ich aufs spiel gesetzt

deine nähe
deine wärme
ja,
dein ich für mich
deine liebe für mich

habe ich aufs spiel gesetzt

doch du bist stark
viel stärker als
mein leichtfertig
viel stärker als
meine größte not

2015

<u>als Kerstin plötzlich in ihr leben trat</u>

wunderten sie sich sehr
hatten sie doch niemals etwas bemerkt
hatten sie doch niemals etwas gespürt
von dieser anderen seele in ihrer nähe
von dieser verborgenen seele in ihrer nähe

& dann
schrieben sie das erste mal diesen namen
& dann
gaben sie das erste mal mir die hand

& sie spürten
es tat ja gar nicht weh

2015

bitte an dich, die du mir so nah

lass mich manchmal einfach traurig sein
lass mich manchmal einfach weinen

lass & mach
die tränen

diese seele heilen
diese mädchenseele heilen

2015

alles
auf dem weg
zur frau

war & ist
mühsam
schwierig
angstvoll
langwierig
ja,
so unendlich schwer

doch alles
auf dem weg
zur frau

war & ist
so
gut & richtig

denn
da war & ist dieses ziel
&
da ist dieses unbändige ja zu meinem ich

2015

fast hätte ich es nicht erlebt

fast hätte ich es nicht erlebt
fast hätte ich die chance vertan

mit ein wenig make-up
& ein wenig anderer kleidung
& mit diesem neuen namen

mein leben & mein ich
zu
meinem leben & meinem ich
machen zu können

& für ein wenig noch
so sehr zu lieben
so sehr lieben zu können

2015

- wie kann man nur so schön sein -

& die hände tasten
- wie kann man nur so schön sein -
& die seele leidet
- wie kann man nur so schön sein -

& bitte, ach bitte
- wie kann man nur so schön sein -
& ein wenig auch für mich, ach bitte
- wie kann man nur so schön sein -

ach, bitte, bitte, ein wenig nur doch auch für mich von dieser schönheit von diesem ich ach bitte nur ein wenig für mich ein wenig ach bitte ach bitte, bitte . . .

2015

Kerstin

finden & wiederfinden
unter all' der last, dem gerümpel
in all' dem müll
der vielen jahre

&
hoffentlich & ganz bestimmt
nicht wieder verlieren

sie befreien
von der last – dem gerümpel – dem müll

&
hoffentlich & ganz bestimmt
nie wieder
verloren gehen lassen

2016

ich bin herabgestiegen
vom mann zur frau

& ich ahne
nein:
& ich weiß

ich werde mich nicht wehren können
nicht mehr wehren können

gegen
ihre gedanken
ihre blicke
ihre worte
ihre hände ihre finger

gegen
ihren griff nach meinem ich

2016

<u>nicht nur die frau in mir</u>
nein, so sehr
<u>auch die frau neben mir !</u>

sie hat geweint
sie war verzweifelt
sie hat gehadert
sie war verzagt

& sie war so sehr alleine: doch
sie hat gehofft
sie hat gerungen
sie hat gekämpft

um und für
diesen frieden für uns beide

2016

<u>& plötzlich jetzt</u>

in meinen schuhen
in meinen stiefeln
- so anders plötzlich jetzt -
bin ich
so hörbar auf dem asphalt
so laut in der stille

denn
heimlich
still
leise
ja
heimlich & still & leise
war ich für die welt
war ich für die welt wirklich viel zu lange

&
heimlich & still & leise
das will ich nicht mehr sein

<u>& niemals wieder</u>

2016

<u>wenn nicht wir,
ja, wer denn dann?</u>

sie können es doch gar nicht
wissen
fühlen
ahnen

was wir als ein wenig 'besondere' menschen
wissen
fühlen
ahnen

& so müssen wir es ihnen einfach
sagen
zeigen
erklären

ja, wir müssen es wohl einfach
für sie & für uns
leben

denn wenn nicht wir,
ja, wer denn dann?

2016

<u>fragen an die
Höckes-Orbans-Putins-&-so-fort
dieser welt</u>

glaubt ihr denn wirklich
ihr seid mehr mensch als wir es sind ?
&
dürft wohl auch noch richten über uns ?

&
wenn ihr das wirklich glauben solltet
dann lasst euch versichern
:
viel zu lange & viel zu sehr
haben wir gelitten unter uns
da werden wir doch nun nicht
auch noch leiden wollen unter euch

2016

& doch immer wieder

so viele fragen hatte ich
auf die du keine antwort hattest

so viele antworten hatte ich
auf fragen die du nie stellen wolltest
&
so viele antworten hatte ich
die du nie hören wolltest

& doch haben wir immer wieder
über alles
& besonders
über ein wir
gemeinsam reden können
gemeinsam reden wollen

2016

sie hatten wohl gedacht,
sie kennen mich
mich den sohn, mich den bruder,
mich den neffen, mich den onkel
mich den irgendwen . . .

doch nun einfach so

ist da auf einmal ein soviel anderer mensch,
den sie überhaupt nicht kennen
der so viele geheimnisse vor ihnen hatte
der so viel vom leben nur für sich gelebt hat

ja, nun einfach so
ist da auf einmal für sie ein soviel anderer mensch,
der ganz alleine dieses ich für sich erkämpft hat

ja, sie hatten wohl gedacht,
sie kennen mich

2016

christliche botschaft

& höret ihr mädels

& spüret ihr mädels

& fühlet ihr mädels

& wisset ihr mädels

. . .
ich bin mir da ganz sicher
. . .

wir sind göttlich
einfach göttlich
! ! !

2016

<u>angst</u>

so groß
so unendlich groß
so unendlich groß die angst in mir

dass du mich
nicht mehr
begleiten kannst
&
nicht mehr
leiten kannst

dass du mich
nicht mehr
begleiten magst
&
nicht mehr
leiten magst

so groß
so unendlich groß
so unendlich groß die angst in mir

2016

sie hat geweint
!!!

vor dem fernseher gesessen hat sie
sie saß dort & sie sah dann
sah von Helen – sah von mir – sah von euch

&
dieser film hat sie traurig gemacht

so sehr traurig gemacht für Helen
&
so sehr traurig gemacht für mich
&
so sehr traurig gemacht für euch

&
geweint hat sie
um Helen – um mich – um euch
ja, geweint hat sie
um uns

2016

ich berichte ihm:
ich lebe jetzt als frau

&
er entgegnet mir:
jeder wie er mag

&
ich denke für mich
nein !
jede wie sie muss

2016

hatte ich mir gewünscht
eine malerin zu sein ?

doch wie hätte ich unser trans* wohl malen wollen ?

hatte ich mir gewünscht
eine sängerin zu sein ?

doch wie hätte ich unser trans* wohl singen wollen ?

nein,
nur eine kleine dichterin bin ich wohl

doch so viele zeilen über unser trans*
kann ich uns schreiben
! ! !

2016

<u>wie blöd bin ich denn</u>

habe ich mein vertrauen vergeben
an menschen
habe ich meine liebe angeboten
menschen

die mir nicht folgen
können oder mögen

menschen
die wohl am ende
wohl nur denken

<u>wie blöd ist die denn</u>

2016

<u>eben noch !</u>
<u>eben noch ?</u>

eben noch
saßen wir am tisch im Falkenstein

eben noch
schrieben wir uns im 'pef'

eben noch
schien ich mehr mann als frau
schien mein weg so lang
schien mein ziel so unendlich fern

ja, & eben noch
war ich so traurig so mutlos

ja, & eben noch
war ich so kind so angstvoll

2016

mit wenigen worten nur

hatte ich dir
mein trans* anvertraut
hatte ich dir
mein trans* angetan

&
ab diesem moment hattest du keine wahl mehr

denn

mit wenigen worten nur
hatte ich mein trans*
gemacht
auch zu deinem trans*

&
mit wenigen worten nur
war es plötzlich unser trans*

2016

liebeserklärung

schön,
dass du meine frau bist

schön,
dass *du* meine frau bist

einer transfrau an ihre biofrau
&
einer biofrau an ihre transfrau

so blind

der arme mann
er kann nicht sehen
nein,
er kann es einfach nicht sehen

wie schön doch schon
wie glücklich endlich
Kerstin jetzt ist

ja, so blind der arme mann
er kann nicht sehen
nein,
er kann es einfach nicht sehen
doch eigentlich will er wohl auch blind sein
& so sehr verbissen & so sehr verbohrt
. . .
ja, so sehr arm dieser blinde mann

2016

<u>oh ja & ach ja !</u>

oh ja,
es macht mich besoffen
- ein wenig -

ach ja,
es tut mir so sehr gut
- ganz viel -

wie nett & lieb doch so viele menschen
zu einer transfrau sein können

wenn sie denn nur wollen -

2016

<u>vor so langer zeit – eben noch</u>

du hattest angst
du hast geweint

dass dir deine liebe
& dass dein dieses ...
& dass dein jenes ...

& vor allem
dass dir dein mann verloren geht

& ja
verloren ist dir dein mann gegangen

doch geblieben ist dir
... dieses ...
... jenes ...
& vor allem
unsere liebe füreinander

2016

ich spüre deine hand
& ich sehe wieder die angst in deinen augen
--- wie damals ---
--- als wäre es erst gestern gewesen ---

ich spüre deine nähe
& ich ahne wieder deine tränen um mich
--- wie damals ---
--- als wäre es erst gestern gewesen ---

ja
ich spüre deine nähe
ich halte deine hand
--- in unserem hier & in unserem jetzt ---
--- in unserem glück im hier & im jetzt ---

2016

habe ich ein gesicht
hatte ich ein gesicht
?

&
wenn ich es recht bedenke
so von heute aus betrachtet
war ich
gesichtslos
so lange zeit

denn

mein wahres
mein wirkliches
mein
gesicht

das konnte niemand
das durfte niemand
sehen
so lange zeit

2016

<u>erleichterung ?</u>

nie wieder kann ich
...
...
...
- mann -

nie wieder muss ich
...
...
...
- mann -

<u>was für eine erleichterung !</u>

2016

<u>denn nun</u>

so viele vorschläge
haben sie mir gemacht
:
die haare länger
die haare kürzer
die absätze nicht so hoch
das make-up ein wenig anders
& dieses & jenes & manches & & &

ja, & überhaupt
doch noch etwas zu warten
- mit mir als frau für die welt -

aber nein . . .

denn nun
nach so vielen jahren
die ich mich
nicht getraut habe
die ich mein ich
nicht leben lassen konnte

denn nun
nach so vielen jahren
. . . ist das alles einfach nicht mehr verhandelbar

2016

<u>doch wie . . . sie, meine frau</u>

& so kritisch mein blick in den spiegel
hier passt es nicht
dort kneift es noch

doch wie
merkwürdig & seltsam
ja, wie
verrückt
ist sie denn drauf

meint sie doch wirklich

ich sähe besser aus als frau
<u>als ich als mann es wohl jemals tat</u>

2016

coming out einer transfrau

& ich war so zufrieden
& ich war so erleichtert
& ich war so glücklich

& ich dachte
sie
dürften
sollten
wollten
müssten
könnten
mich lieben
einfach nur lieben

ja, ich hatte es wirklich gedacht
& ja, so manche tun das tatsächlich auch

2016

<u>transfrau ich im so dunkel der nacht</u>

der himmel ist grau
so sehr grau
die wolken sind dunkel
so sehr dunkel

& so sehr hatte ich gehofft
ich sähe ein paar sternschnuppen
& so sehr hatte ich gehofft
ich könnte mir etwas wünschen

doch so dunkel die wolken
& so groß die enttäuschung

aber
du wartest schlafend im bett
& ich höre dich atmen
& ich spüre deine nähe
& ich fühle deine wärme

& ich ahne:
was könnte ich mir denn
anderes wohl noch wünschen
? ? ?